ENÓJATE, ¡PERO NO EXPLOTES!

MANTÉN TU PASIÓN SIN PERDER LA CALMA

LISA BEVERE

CASA CREACIÓN

Para vivir la Palabra

Para vivir la Palabra

MANTÉNGANSE ALERTA;
PERMANEZCAN FIRMES EN LA FE;
SEAN VALIENTES Y FUERTES.
—1 Corintios 16:13 (NVI)

 Enójate, ¡Pero no explotes! por Joyce Meyer
Publicado por Casa Creación
Miami, Florida
www.casacreacion.com
©2024 Derechos reservados

ISBN: 978-1-960436-34-4
E-Book ISBN: 978-1-960436-35-1

Desarrollo editorial: *Grupo Nivel Uno, Inc.*
Adaptación de diseño interior y portada: *Grupo Nivel Uno, Inc.*

Publicado originalmente en inglés bajo el título:
Be angry, but don't blow it
Emanate Books, an imprint of Thomas Nelson.
© 2000 Lisa Bevere
Todos los derechos reservados.

Impreso en Colombia

24 25 26 27 28 LBS 9 8 7 6 5 4 3 2 1

A todos aquellos que han herido a quienes aman
y desean no haberlo hecho... tenemos la promesa
de esperanza y un nuevo comienzo.

A las muchas mujeres cuyos corazones han
sido tocados por este libro, gracias.

"Nunca he leído un libro que me hablara de manera tan clara y personal. He luchado toda mi vida con la ira y he pasado por consejería para ayudarme a perdonar a otros por heridas pasadas, pero nunca me lo habían explicado de la manera en que tú lo has hecho".

"¡OH! Sabes muy bien cómo empacar este mensaje con verdad, transparencia y amor. Podía sentir la presencia de Dios mientras leía este libro".

"Me siento como la mujer en el pozo, como si Dios me estuviera hablando directamente a través de tu libro".

"Debo decir que este libro fue asombroso. Finalmente veo que hay esperanza para mí después de una infancia marcada por el abuso y el abandono".

"Gracias por ser tan transparente. Has ayudado a liberar a muchos cautivos... incluyéndome a mí".

"Después de leer este libro y aplicarlo en mi vida, puedo decir que soy una persona diferente. Esto ha afectado mi ser más de lo que esperaba".

"Ahora he perdonado a todos los que me han hecho mal. Se está produciendo una gran sanación. ¡Gracias por tu franqueza y por compartir tu vida!".

CONTENIDO

1 | VENTANAS ROTAS

Era el año era 1988, John y yo manteníamos una acalorada discusión. Tan impetuosa, de hecho, que dejé de hablar. Tras cerrar la boca con fuerza por miedo a lo que pudiera salir, le di la espalda y me lancé frenéticamente a secar los platos. Podía sentir cómo subía mi temperatura a medida que mi respiración se hacía más profunda y obvia hasta sonar similar a la que había experimentado durante mi parto. Tenía que mantener el control. No podía permitir que el torrente hirviente de palabras airadas brotara sin control de mis labios y ahogara a mi marido, por muy disgustada que estuviera con él.

Sin embargo, John veía mi silencio desde una perspectiva muy diferente. Sentía que le estaba aplicando el temido tratamiento del silencio. Así que intentó sacarme de él con diferentes formas de persuasión. Como estas fracasaron, probó con la provocación.

Sin esperarlo, funcionó. Miré el plato que tenía en la mano. Era irrompible y lo usaba para servir ensaladas. Giré en cámara lenta, me apoyé como un experto lanzador de disco y lancé el plato. Observé impotente cómo volaba por el aire, preguntándome cómo se había desplazado de tal forma y deseando poder detenerlo de algún modo. Planeó decidida y directamente en dirección a la cabeza de mi marido. John se agachó a un lado, escapando de lo que parecía una decapitación potencial, y el plato siguió volando como describiendo un arco. Ahora estaba mucho más allá de la barra del desayuno —donde John permanecía conmocionado— y continuó hasta abarcar toda la longitud de la sala de estar. *¿Estaría ganando velocidad?*, me pregunté. Sabía que ni siquiera podía lanzar un frisbee y, sin embargo, ahí estaba ese plato, planeando suavemente por el aire sin siquiera tambalearse.

El sonido de un cristal rompiéndose hizo que volviera a la realidad. Miré incrédula nuestro ventanal, que ahora era cualquier cosa menos eso. Era un marco que sostenía cristales rotos. Había saltado la parte inferior que sujetaba la pantalla e hizo añicos todo el panel superior de cristal. Hubo un momento de silencio mientras ambos mirábamos lo que fue la ventana.

John fue el primero en romper el silencio. "No puedo creer que me tiraras ese plato".

Tengo que darle la razón. A mí también me costaba creerlo. Pero evidentemente lo hice, y ya estaba hecho.

Ambos nos acercamos con cautela a la ventana rota. El frío viento de enero sopló saludándonos. Debajo de nuestro apartamento del segundo piso, tendido e inmóvil sobre la hierba, había un solitario plato blanco.

"Iré a buscarlo", murmuré.

Me calcé los zapatos y abrí la puerta con cautela, esperando que ninguno de nuestros vecinos hubiera observado mi arrebato. El viento racheado de Florida me azotó el pelo contra la cara. Me deslicé escaleras abajo, mirando a ambos lados, antes de arrastrarme por el césped del área común. El plato estaba rodeado por astillas de cristales rotos de la ventana. Miré hacia arriba para ver si John o alguien más estaba observando desde sus ventanas, pero todo lo que vi fueron reflejos de un cielo gris y tenue. Limpié el plato de un manotazo, lo agarré y corrí por la escalera entre los edificios, que parecían un túnel de viento. Sentí como si las ráfagas me estuvieran acusando. Sabía la verdad y agradecí su dura condena. Me la merecía.

Una vez adentro, miré a John. "Tengo el plato... no está roto", le dije, sosteniéndolo para que lo viera... como si eso fuera una especie de consuelo.

"Sabes que voy a decirles la verdad, Lisa", me aseguró en voz baja. "Voy a tener que llamar a mantenimiento y decirles que mi mujer me lanzó un plato, falló y rompió la ventana".

Asentí pasivamente. Toda la rabia había desaparecido, solo quedaba la vergüenza. "Sé que lo harás, pero no voy a estar aquí cuando se lo digas. Me voy a la tienda, así que adelante, llámalos ahora".

El silencio era pesado y desconcertante en contraste con el ruidoso y acalorado intercambio de palabras de unos momentos antes. Me sorprendió que nuestro tierno hijo de dos años hubiera dormido durante todo aquello. Me alejé a toda prisa de la escena del delito.

Sola en nuestro auto exhalé un profundo suspiro de desesperación. Al girar la llave del encendido, la música de adoración cristiana llenó el silencio, pero parecía hueca; no era para mí. La apagué y dejé que la quietud me envolviera de nuevo. No quería nada que me reconfortara o consolara. Quería la cruda realidad. Salí del camino de entrada de la casa y decidí manejar un rato antes de ir a la tienda. No quería arriesgarme a encontrarme con el encargado de mantenimiento. ¿Qué pensaría? Aquí está la próxima Lizzy Borden, una futura asesina del hacha.

Decidí entretenerme con la vergüenza y la culpa como forma de castigo. Empecé a imaginar las peores consecuencias posibles. Tal vez protagonizaría el titular de un periódico como el siguiente: "La enfurecida esposa de un pastor de jóvenes rompe una ventana en un complejo de apartamentos de la localidad". ¿Despedirían a mi marido por mi comportamiento? O peor aún, ¿qué pasaría si eso se extendía más allá de John y yo? ¿Y si los medios de

TODA LA RABIA HABÍA DESAPARECIDO, SOLO QUEDABA LA VERGÜENZA.

comunicación aprovechaban la oportunidad para denunciar a la población cristiana de Orlando?

No me sentía con derecho a pedirle a Dios que interviniera, de algún modo, en mi ayuda para cubrir todo ese asunto; pero tal vez él lo haría en nombre de la comunidad cristiana. Así que empecé a interceder a favor de esta.

"Por favor, Dios, por el bien de mi iglesia, del grupo de jóvenes, de mi esposo y de todos los cristianos de Orlando, haz algo. Nada es demasiado difícil para ti. Sé que no merezco que intervengas; no lo hagas por mí, ¡hazlo por todos los demás!", supliqué repetidas veces.

Me aterrorizaba, sinceramente, que las vívidas imágenes de mi alocada imaginación pudieran convertirse en dolorosas realidades. Imaginé mi próximo recorrido por el pasillo de la iglesia. Casi podía ver las atónitas miradas de decepción y los dedos apuntándome. Adiviné los susurros de asombro, así como los asentimientos cómplices de los demás. "Siempre supe que ella tenía un problema con la ira... el Espíritu me lo mostró", se dirían las mujeres entre sí. Es probable que tuviera que disculparme ante toda la congregación. Sin embargo, temía que mi vergüenza persistiera. ¿Cómo me mirarían mis nuevas amigas? Seguramente se apartarían de mí. Me imaginaba a sus maridos advirtiéndoles en la intimidad de sus dormitorios que se mantuvieran alejadas de mí. Después de todo, la Biblia nos advierte que no nos asociemos con personas iracundas; ¿cuánto más con la colérica esposa de un pastor?

Las lágrimas ardientes surcaban mi rostro. Detuve el coche y me recompuse antes de entrar en la tienda. Sin duda no había escapatoria para lo que había hecho. Mi esposo no mentiría, yo tampoco quería que lo hiciera. Quizá no saldría en la portada del periódico de Orlando, pero alguna consecuencia era inevitable. Me resigné y admití que merecía sufrir algo. Solo esperaba poder recuperarme de ello cuando todo hubiera terminado.

Me resultaba difícil ir de compras. Ni siquiera recordaba lo que realmente necesitábamos. Andaba sin rumbo por la tienda.

Nuestro presupuesto para comida era tan ajustado que no tenía libertad para comprar los alimentos que quisiera. Deseé haber hecho una lista de compras. Sentía que mi cabeza estaba como en las nubes. Logré agarrar los pocos artículos que estaba segura de que necesitábamos y me dirigí de nuevo a la soledad del automóvil. El sol ya se estaba poniendo. Tal vez podría volver a escabullirme al amparo de la oscuridad. Conduje hasta casa y me senté en el coche durante un rato, vigilando si alguien salía de nuestro edificio de apartamentos. Eran casi las seis cuando me di cuenta de que, probablemente, el hombre de mantenimiento estaba fuera de servicio ese día.

Agarré lo que había comprado y subí las escaleras. Toqué la puerta y la abrí porque no estaba cerrada. Enseguida me fijé en el plástico que cubría la ventana abierta, entraba y salía como si respirara. Busqué con la mirada a John, temiendo lo que pudiera decirme pero dispuesta a oírlo de todos modos.

—¿Qué dijo? —pregunté tímidamente.

—Todo lo que puedo decir es que Dios debe quererte de verdad o que debes haber orado mucho —dijo John, pero no había ninguna sonrisa en su rostro.

—¿Por qué, qué ha pasado? —indagué.

—Bueno, ya te dije que iba a contar la verdad —empezó John—, pero pasó algo muy raro. Cuando llegó el tipo de mantenimiento, Addison estaba en la puerta para recibirlo. Entró, se acercó al sofá y lo apartó de la ventana. Luego dijo: "Vaya, ¿qué ha pasado aquí?". Entonces se agachó y levantó la mano. "No me diga nada", afirmó, sosteniendo un carrito de metal de nuestro hijo. "Yo tengo un niño de dos años. Le cambiaremos la ventana mañana sin costo alguno". Empecé a decir algo pero me detuvo de nuevo. "No se preocupe… estas cosas pasan. Ponga un plástico para que no entren los insectos". Y se fue. Creo que tenía prisa por irse a casa a pasar la noche.

Me senté conmocionada. ¿Era posible que Dios hiciera eso por mí? No, lo había hecho por todas las demás razones. Cualquiera que fuera el motivo, ya había terminado. Mi hijo de dos años había cargado con la culpa de la ventana rota. Empecé a sentir que la vergüenza se me quitaba de los hombros. No sabía si reír o llorar de alivio. Ninguno de mis temores se haría realidad. Volví a pedirle disculpas a mi marido. Pero tengo que reconocer que esa noche, mientras estaba en la cama, me pregunté si quizás Dios me había cubierto, ya que mi esposo no estuvo dispuesto a hacerlo. Después de todo, John no debió haberme provocado. Además, no era que rompiera ventanas todos los días. Fue un incidente aislado. Dios me había perdonado o no lo habría cubierto de forma tan asombrosa. No debí haber lanzado el plato... pero John tampoco debió incitarme a ello. Seguí esa línea de razonamiento hasta que me dormí bajo la manta de la autojustificación y la justicia. Atrás había quedado mi arrepentimiento. Sí, tendría más cuidado en el futuro... pero John también debía tenerlo.

Había desechado una lección valiosa con mi razonamiento. Pasaría más de un año antes de que mi ira me costara lo suficiente como para buscar un verdadero arrepentimiento.

Un grito de ayuda

Es posible que nunca hayas roto una ventana. Pero has dejado una estela de sueños y relaciones destrozadas. El simple hecho de que ahora tengas este libro en tus manos significa que estás buscando el equilibrio adecuado en tu vida. Quieres tener una existencia apasionada pero piadosa. Tal vez no desahogues tu rabia, quizás la retengas. Eso sigue siendo una fuente de destrucción... de autodestrucción. Es probable que te sientas como si fueras una habitación con las ventanas rotas. Te han arrojado tanto ladrillos pesados que los vientos fríos han soplado y apagado tu pasión y tu esperanza. Creo que hay sanidad a tu disposición.

LA IRA EN SÍ MISMA NO ES MALA, PERO LA RABIA Y LA FURIA ESCALAN A LA DIMENSIÓN DE LO DESTRUCTIVO.

La ira en sí misma no es mala, pero la rabia y la furia escalan a la dimensión de lo destructivo. Es en la sombra y la vergüenza de esto que pedimos ayuda. Es mi oración que, de alguna manera, aprendas de mis errores y crezcas a otro nivel en tus relaciones, primero con Dios y luego con los demás.

Padre celestial:
Acudo a ti en el precioso nombre de Jesús. Señor, repara las ventanas rotas de mi vida. Me interesa más la verdad que las apariencias. Quiero que la luz de tu Palabra escudriñe mi corazón y me conozca. Quiero la verdad en lo más íntimo de mi ser. Quiero caminar en libertad libre de vergüenza y culpa. Señor, instrúyeme en tus caminos para que pueda caminar en ellos. Derrama tu amor que cubre. Empodérame con tu gracia para someterme a las verdades que me harán libre y te permitirán ser glorificado en cada área de mi vida.

2 | ENÓJATE, PERO NO PEQUES

La primera parte de Efesios 4:26 (RVC) es bastante clara, ya que dice: *Enójense*. La mayoría de nosotros puede lograr eso sin siquiera intentarlo. Ocurre sin previo aviso. Alguien nos corta el paso en la carretera y lanzamos al aire unas palabras hirientes que no se recogen jamás. Pero de eso hablaremos más adelante. Este versículo parece, al principio, una contradicción. Nos concede claramente el derecho a sentir ira. A *enfadarnos*. Ni siquiera hay un explicación de motivos precedente, como "Si es absolutamente necesario que te enfades, entonces dale... enfádate". Solo un simple *"Enójense"*. La Nueva Versión Internacional dice: "Si se enojan, no pequen". Esto parece validar aún más la experiencia de la ira, asegurándonos que habrá momentos de rabia, pero diciéndonos que no pequemos durante ellos.

La emoción de la ira

Dios nos da permiso para enfadarnos. Él conoce y comprende la capacidad innata del hombre para enojarse. Es una emoción con la que él también está familiarizado. Se reconoce en el llanto frustrado del bebé más pequeño, así como en el grito del patriota

15

contra la injusticia. Se escucha en el sollozo agónico de los padres que lloran la pérdida de la vida de un hijo y en el temblor silencioso de un abuelo afligido.

La ira es una emoción humana tan válida como la alegría, la tristeza, la fe y el miedo. Dios nos dice: *enfádense*, porque está bien enojarse. Incluso Dios se enfada; de hecho, con bastante frecuencia. Se enojó repetidamente con su pueblo elegido. El Antiguo Testamento registra varios cientos de referencias de su furia con Israel y otras naciones.

Cuando una emoción se reprime porque no se reconoce, acabará expresándose de forma inadecuada. A la inversa, si una emoción se expresa sin restricción, el pecado le seguirá los talones. El propio Dios reconoce la ira humana. Sin embargo, la mayoría de nosotros ni siquiera la entendemos. ¿Acaso es arrojar cosas, chillar y gritarles a nuestros seres queridos? ¿Es guardar rencor por un acto traicionero? No, estos son ejemplos de expresiones inapropiadas de ira. Existe una línea muy delgada entre la ira y el pecado.

El *diccionario* define la *ira* como "un fuerte disgusto, normalmente temporal, sin especificar la forma de expresión".

Está bien sentir un disgusto intenso o fuerte por un acontecimiento o por las acciones de alguien. El disgusto engloba la desaprobación, la antipatía y la molestia. Estos sentimientos son comunes a todos nosotros y pueden ser cotidianos. Esta definición de *ira* no proporciona una salida o forma específica para la expresión de ella. Creo que esto se debe a que existen diversas reacciones y recursos apropiados ante la ofensa correspondiente. Las respuestas también variarían en función de factores individuales como la edad, la personalidad, la posición y el lugar. Se espera mucho más de un adulto en público que de un niño pequeño. Del mismo modo, la expectativa es mayor en cuanto a quienes tienen autoridad o liderazgo. Las figuras de autoridad no deben utilizar su posición para desahogar sus emociones o promover sus agendas. Es importante que se distancien de cualquier ofensa personal el tiempo suficiente para ser conscientes de cómo puede afectar a quienes están bajo su cuidado o dirección.

Por ejemplo, cuando era una joven pagana soltera, era bastante ruidosa en lo que tenía que ver con otros conductores que me ofendían. Calificaba voluntariamente su habilidad al volante puntuada con una colección de palabras explícitas y soeces. Luego me convertí al evangelio y supe el poder de mis palabras, la manera en que bendicen o maldicen a los demás. También tuve la experiencia de estar en un auto con una mujer piadosa cuando alguien se le atravesó con su vehículo de repente. Eché un vistazo, atenta a su respuesta. Ella no maldijo, ni siquiera frunció el ceño, sino que sonrió suavemente y saludó con la mano como invitándole a cortarle el paso de nuevo. Se volteó hacia mí y comentó: "Sembramos una semilla de bondad".

DIOS NOS DA PERMISO PARA ENFADARNOS.

Intenté seguir inmediatamente algunas pautas de su comportamiento... bueno, al menos dejé de maldecir y gritar por la ventana. Aún tendía a apretar los dientes y decir cosas como: "Vamos, cariño. No tengo todo el día. Apúrate ... ¡nadie te va a hacer daño!". Me daba por tocar el claxon de forma aleccionadora (por la seguridad de los demás, claro). Luego me casé y tuve hijos.

Ya no me sentía tan cómoda hablando con autos que no podían oírme. Sobre todo cuando me di cuenta de que mis tiernos hijos seguían mi ejemplo. Habían asumido la defensa de su madre contra los conductores caprichosos. Ponían sus mejores caras malhumoradas y gritaban desde sus asientos en el asiento trasero, luego veían hacia delante buscando mi aprobación. "¡Tiene que aprender a conducir! ¿Verdad, mamá?", vitoreaban triunfantes.

CUANDO UNA EMOCIÓN SE REPRIME PORQUE NO SE RECONOCE, ACABARÁ EXPRESÁNDOSE DE FORMA INADECUADA.

¡Ah! Ahora mi disgusto necesitaba otra vía de expresión. Ya afectaba e influía a los demás. Mis pequeños me estaban copiando y yo ya no disfrutaba el privilegio de gritar a los desconocidos (si es que alguna vez tuve —realmente— el derecho de hacerlo, en primer lugar). Por la futura seguridad y cordura de mis hijos, necesitaba modelar una molestia constructiva. Tuve que desarrollar habilidades de conducción defensivas en vez de ofensivas. Ahora, en lugar de atacar verbalmente a los otros conductores, intento enseñar a mis hijos qué es inseguro en su forma de conducir y cómo responder a los imprevistos. Cuando un remolque se me echa encima, digo algo como: "Quizá este tipo esté enfadado o tenga prisa. Nos apartaremos de su camino". Entonces cambio de carril. Sin embargo, tengo que admitir que sigo sin invitar a los demás a que se me atraviesen.

Ira temporal

Veamos de nuevo la definición de *ira*: "fuerte disgusto, generalmente temporal, sin especificar la forma de expresión". Eso engloba la palabra temporal, que significa "momentáneo, pasajero, de corta duración o fugaz". Por lo tanto, la ira por definición debe ser breve y transitoria, no prolongada y peligrosa. Con demasiada frecuencia vivimos en un estado constante de enfado intercalado por breves interludios de felicidad. Dios nos modela el tipo saludable de ira: "Porque solo un instante dura su enojo, pero su buena voluntad, toda una vida. Si por la noche hay llanto, por la mañana habrá gritos de alegría" (Salmos 30:5).

La proporción entre ira y favor es muy baja. David describió la ira de Dios como algo que dura solo un momento. Él debería saberlo, ya que experimentó la ira del Señor directamente. Perdió a su hijo cuando la ira del Señor se encendió contra sus pecados secretos de adulterio y asesinato. David pudo haberse amargado contra Dios y considerar que su ira era por toda la vida y su favor era momentáneo. ¿Acaso la espada no visitaba continuamente su casa? Sin embargo, David había vislumbrado el carácter y la naturaleza de Dios. Mediante el arrepentimiento se aferró a la bondad amorosa y misericordiosa de Dios.

Dios, en su ira, puede voltear temporalmente su rostro, pero a modo de resolución, no de rechazo. Él comprende nuestra necesidad de apartar la mirada o alejarnos de la fuente del disgusto para evitar un desahogo destructivo de la ira. No nos alejamos de los demás para castigarlos; nos apartamos para que las brasas de la ira se enfríen y la razón pueda volver a gobernar nuestros corazones.

Dios le dijo a Israel: "Ve a la tierra donde abundan la leche y la miel. Yo no los acompañaré, porque ustedes son un pueblo terco, y podría yo destruirlos en el camino" (Éxodo 33:3). Y también "Te abandoné por un instante, pero con profunda compasión volveré a recogerte" (Isaías 54:7).

> CON DEMASIADA FRECUENCIA VIVIMOS EN UN ESTADO CONSTANTE DE ENFADO INTERCALADO POR BREVES INTERLUDIOS DE FELICIDAD.

Él nos abandona o se aparta de nosotros solo por un *pequeño instante* y luego regresa para recogernos en sus brazos con grandes y múltiples misericordias. Debemos apartarnos momentáneamente para poder separar a la persona de sus acciones, palabras o comportamiento. La ira piadosa no rechaza a la persona; rechaza su transgresión y con una conciencia pura y buena busca un momento de soledad para separarse. He tenido numerosos ejemplos en los que Dios ha hecho esto por mí.

Hay momentos en los que su mano pesa sobre mí, por lo que sé que estoy experimentando su desagrado a causa de mi comportamiento. Cuando eso pese más de lo que puedo soportar, me arrepentiré en serio y pediré su perdón. La pesadez se disipará y encontraré mi corazón lleno de su amor y de sus promesas, aunque me sienta tan indigna de ellos. Sé que merezco el juicio, pero en vez de eso él me otorga misericordia. Él me reúne de nuevo consigo

DEBEMOS APARTARNOS MOMENTÁNEAMENTE PARA PODER SEPARAR A LA PERSONA DE SUS ACCIONES, PALABRAS O COMPORTAMIENTO.

mismo con sus grandes y bondadosas misericordias. Él me dice: "Todavía eres mía, todavía te amo, sé que quieres hacer lo correcto. Creo que cambiarás. Perdono y olvido". Quiere que tenga la certeza de que sigo siendo su hija y que no me rechaza aunque mis acciones, palabras o comportamiento no sean aceptables para él.

Vale la pena señalar eso de nuevo: nuestra primera respuesta cuando nos enfadamos debería ser apartarnos momentánea, mental o físicamente, para poder separar la ofensa del ofensor. La anticuada regla de contar hasta diez es buena, pero a menudo el margen de tiempo no es el adecuado. Una vez que nos hemos apartado del conflicto, debemos preguntarnos: "¿Por qué estoy tan disgustada?". "¿Qué está pasando realmente en mi interior?". "¿Necesito tomarme un tiempo para responder a estas preguntas?". Esto nos lleva a la segunda parte del versículo de Efesios con el que comenzamos este capítulo:

> "Si se enojan, no pequen". No permitan que el enojo les dure hasta la puesta del sol.
>
> —Efesios 4:26

La idea de que el enfado es temporal también se corresponde con la admonición de Dios: "No dejes que se ponga el sol mientras sigas enfadado". Esto no se debe a algún problema con la oscuridad.

SÉ QUE MEREZCO EL JUICIO, PERO EN VEZ DE ESO ÉL ME OTORGA MISERICORDIA.

Todos nos hemos encontrado enfadados después de que el sol se ha puesto porque seguimos despiertos mucho después de que el sol se pone. Creo que la puesta de sol significa el final del día o un tiempo apropiado. Cuando la ira sobrepasa la etapa temporal o transitoria entonces progresa hacia la cornisa destructiva de estar enojado y pecar. El tiempo y la ira están entrelazados. Cuanto más tiempo pasa sin que se resuelva una ofensa, más arraigada se

EL TIEMPO Y LA IRA ESTÁN ENTRELAZADOS.

vuelve. Entonces el corazón se convierte en un caldo de cultivo para una raíz de amargura.

En el próximo capítulo abordaremos los peligros de "encamarse" con nuestra ofensa.

Padre celestial:
Vengo a ti en el nombre de Jesús. Que tu Palabra sea una luz para mis pies y una lámpara para mi camino. Muéstrame la senda de los justos para que camine de manera agradable a tus ojos. Enséñame a enojarme y a no pecar.

3 | CUANDO DUERMES CON EL ENEMIGO

Cuando John y yo estábamos recién casados, nos gustaba pelear con bastante frecuencia. La mayoría de las veces esos enfrentamientos verbales se producían en algún momento después de la cena, pero antes de acostarnos. En muchas de esas ocasiones, después de una discusión tan acalorada, yo no estaba preparada ni dispuesta a serenarme ni a perdonar y olvidar antes de ir a dormir. (Como ya habrás adivinado, tenía un pequeño problema con la ira y la falta de perdón). Castigaba a John con el látigo de la indiferencia y el silencio, intercalado por suspiros profundamente agitados, para luego dejarme caer en la cama con la espalda contra él. Me colocaba tan cerca del borde de nuestra cama matrimonial que me colgaban las rodillas. Quería estar segura de que ninguna parte de mi cuerpo estuviera en contacto con el suyo. Tras unos minutos de silencio sepulcral y un exagerado reposicionamiento, John solía decir:

—Ya, Lisa, vamos a orar.

—Puedo orar sola... ¡gracias! —le respondía sin voltear a verlo.

El silencio continuaba mientras yo fingía dormir. Algunas veces John permanecía acostado en silencio; otras, salía de la habitación por un rato solo para volver a hacer de las suyas en la cama.

Entonces, de repente, saltaba de la cama como un superhéroe. Encendía las luces y me arrancaba las mantas.

—¡No vamos a dejar que se ponga el sol sobre nuestro enojo! —anunciaba con autoridad.

Ya había pasado por eso muchas noches.

—¡Ya me las quitaste! Devuélveme las mantas. me molesta que hagas esto! —gritaba mientras me levantaba de un salto para arrebatarle el edredón.

— ¡No! —replicaba John—. ¡Tenemos que orar!

Luego entrábamos en una guerra de almohadas. Al final él hacía que me agotara y yo pronunciaba una oración a medias, con cierto fastidio, como la siguiente:

—Perdono a mi marido por la fe, como un acto espontáneo, para que deje de atormentarme y me permita dormir.

John se despertaba feliz, descansado, y yo me levantaba cansada y malhumorada. Entonces me enfadaba porque él había dormido bien y yo no.

La razón por la que no dormía bien era porque seguía enojada. Orara o no, no sabía cómo desprenderme de mi ira hasta que sentía que la otra persona había sido suficientemente castigada o que mi versión de la ofensa había sido adecuadamente expresada y comprendida. Eso debía ir seguido de la seguridad (para mi satisfacción) de que la falta no se repetiría. En ese momento yo exigía una especie de castigo, penitencia o garantía por la ofensa que me propinaba la persona.

Estoy segura de que ahora entiendes por qué el breve tiempo entre la cena y la hora de dormir era insuficiente para completar todos esos procedimientos satisfactorios para mí. Así que, como una antigua mujer valiente, me fui a la cama insatisfecha. Tenía una deuda pendiente.

Antes de que ambos saliéramos a trabajar por la mañana tampoco era un tiempo apropiado para resolver las cosas. Yo no era una persona mañanera. Veía a mi feliz esposo con ojos soñolientos mientras me metía a tropezones en la ducha para reanimarme.

Después bajaba a desayunar, donde continuaba con mi tratamiento silencioso, añadiendo algunos suspiros bien ubicados por si John no se daba cuenta de mi disgusto. ¡Al fin lo notaría!

—Cariño, ¿pasa algo?—me preguntaba.

—Sí —le respondía con cautela.

—Creía que anoche habíamos arreglado las cosas —replicaba él.

—No, no se arregló nada. Solo quería que dejaras de agraviarme y me dejaras dormir —le respondía—. Tengo que ir a la tienda.

Subía las escaleras con renovada determinación. Recogeríamos los guantes de boxeo después del trabajo. Tendría todo el día para pensar en mis argumentos vespertinos.

Volvíamos a casa, inevitablemente, y nos encontrábamos con otro desacuerdo, pero esta vez no solo incluiría el altercado del momento sino también la pelea de la noche anterior y muy posiblemente la de la otra noche precedente y la de otra noche anterior... y así sucesivamente.

> AL NO RESOLVER MI ENFADO CON MI ESPOSO, ESTABA EN UNA PERENNE SITUACIÓN OFENSIVA CON ÉL. SIEMPRE ESTABA ENFADADA O A PUNTO DE ENOJARME.

Al no resolver mi enfado con mi esposo, estaba en una perenne situación ofensiva con él. Siempre estaba enfadada o a punto de enojarme.

Debes saber cuándo abandonar

Un factor integral en cuanto a estar enojado y no pecar es saber cuándo dejar que tu enojo se vaya. Perpetuar la ira aumenta el pecado, el cual hace que la falta de perdón crezca, lo que —a su vez— intensifica la respuesta airada. Ya no solo lidias con cada pequeña ofensa que se te presente, sino con la acumulación de muchas de ellas contra tu persona. Te sientes golpeado repetidas veces por la misma ofensa hasta que deja de ser una simple lesión y se convierte en una herida de múltiples puñaladas.

Profundicemos en la parte de Efesios 4:26 que dice: "No permitan que el enojo les dure hasta la puesta del sol". Aquí hay un principio espiritual y físico muy importante. Cuando te vas a dormir enojado, te despiertas enojado. Cuando no has extendido tu misericordia la noche anterior, resulta difícil abrazar la misericordia de Dios por la mañana (Salmos 59:16).

En el Salmo 4:4, David advirtió del peligro de invitar a la ira a dormir con nosotros: "Si se enojan, no pequen; cuando estén en sus camas examinen en silencio sus corazones" (Salmos 4:4).

Este guerrero cantor, que poseía un corazón que agradaba a Dios, compartió esta sabiduría que trasciende el tiempo y la cultura. A partir de sus experiencias nos amonestó: "Si se enojan, no pequen; cuando estén en sus camas examinen en silencio sus corazones". Fíjate en el uso que hace David de los plurales: *camas* y *corazones*. La mayoría dormimos en una sola cama al igual que cada uno de nosotros posee un solo corazón. Creo que él entendía y se dirigía al hecho de que la mayor parte de la ira se produce en el seno de las relaciones.

SI TE ACUESTAS ENOJADO, TE LEVANTAS ENOJADO.

Esto incluiría cónyuges, familiares y amigos. En aquella época no era raro que los cónyuges durmieran en camas separadas. Este rey está diciendo a sus súbditos que vayan a sus camas, se acuesten, se tranquilicen y escudriñen con calma sus corazones, desnudándolos ante Dios.

Estén quietos y conozcan a Dios

Somos instados a reverenciar a Dios, a estar quietos y a conocer. ¿Conocer qué? Conocerlo como Dios permitiéndole que se revele en medio de tu dolor, conflicto o crisis. Él quiere ser la última palabra que escuches antes de que el sueño te venza.

En la quietud silenciosa no digas nada más; no te empeñes en tener la última palabra. No justifiques tu posición. Quédate quieto y permite que Dios se revele en el silencio. Es el momento de permitir que él manifieste su perspicacia y su perspectiva, de modo que depongas todos los argumentos.

La oración y la meditación ante la presencia de Dios, a menudo, tienen mucho más que ver con lo que oímos que con lo que decimos. El río de palabras fuertes y airadas que expreso no me limpiará. Estas se limitan a expresar mi parte, mis justificaciones, mis frustraciones. No, mi torrente salvaje

> **PERMITIR QUE DIOS SE REVELE EN MEDIO DE TU DOLOR, TU CONFLICTO O TU CRISIS.**

de razonamientos es demasiado turbio y turbulento para limpiar; solo agita el fondo y deposita más escombros. Es la fuente viva, quieta y suave de las profundidades la que refresca y elimina la culpa y la vergüenza.

Sueños airados

Sin embargo, ¿y si decides desestimar el consejo de David y recurrir a tu propio razonamiento? Tu frustración y tu dolor son tan reales y tan presentes que no puedes liberarlos sin dormir con ellos ni siquiera una noche. Abrazas la ira y la acercas como un escudo a tu pecho. Aunque es posible que te duermas rápidamente, lo más probable es que pases una noche inquieta o atormentada, como me ocurrió a mí, porque: "De las muchas ocupaciones brotan los sueños y de las muchas palabras, las tonterías" (Eclesiastés 5:3).

En vez de despertarte limpio, despejado y fresco, encontrarás tu mente agobiada por todo tipo de pensamientos sórdidos y airados. Es muy posible que las pesadillas de la noche anterior se abran paso a la luz de la mañana. Sus impresiones y sus experiencias parecerán extrañamente reales. Pueden cubrirte con un sucio envoltorio de desaliento o miedo. Intentas sacudírtelas de encima como si fueran sueños, pero en esas mañanas parecen aferrarse tenazmente.

Cuando estábamos recién casados, a menudo, me despertaba enfadada con John a causa de algún sueño que había tenido la noche anterior. Me convencía de que él había participado activa y voluntariamente en ese mal sueño. Estaba casi segura de que él sabía lo que había hecho y que probablemente lo volvería a hacer en la vida real a la menor oportunidad que tuviera. Por supuesto que me estaba comportando en forma ridícula, pero todo parecía muy real a la tenue luz matinal de mi falta de perdón.

O es posible que tu noche haya sido tan escasa de sueños como de descanso. Dormiste, pero de una manera superficial e irregular. Ahora el remanente de ira de la noche anterior nubla tu mente como una niebla oscura que enturbia tus pensamientos. Olvidas cualquier disculpa o perdón y solo recuerdas las ofensas. A la luz de la mañana, estas parecen cernirse más ominosas y ofensivas. No puedes dejar que se vayan tan fácilmente... ¡deben pagar!

Ahora eres la víctima y, las víctimas, no piden misericordia porque están demasiado ocupadas exigiendo su recompensa. No acogerás la misericordia matutina de Dios si te despiertas sintiéndote justificado o como mártir. Si algo he aprendido es que necesito mucha misericordia, por tanto tengo que mostrar mucha misericordia.

Volviendo a Efesios encontramos que Dios tiene aún más que decir:

> "Si se enojan, no pequen". No permitan que el enojo les dure hasta la puesta del sol ni den cabida al diablo.
>
> —Efesios 4:26-27

Pecar cuando estás airado mientras pospones la solución del caso, le da acceso —o una entrada legal— al diablo en la situación. El comentario de Matthew Henry destaca este punto: "Que tus oídos sean sordos a los murmuradores, chismosos y calumniadores". Si estás solo y enfadado en tu cama, ¿a quién más podrías oír? Tus propios pensamientos son demasiado ruidosos. Anulan la voz quieta y serena que desea manifestarse. Así que es la más audaz y la más fuerte la que oye. La que guarda excelentes y precisos registros de los males cometidos con anterioridad. El acusador de los hermanos envía a sus mensajeros. Estos susurran en voz alta a tu oído mientras te duermes. Intensifican su ataque para incluir habladurías y calumnias mientras reproducen imágenes de heridas y dolores pasados.

Luego proyectan futuras posibilidades de conflicto hasta que te despiertas y te encuentras agotado, enfadado y profundamente ofendido.

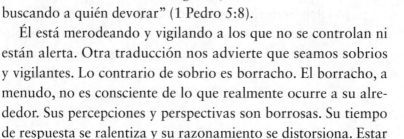

NECESITO MUCHA MISERICORDIA, POR TANTO TENGO QUE MOSTRAR MUCHA MISERICORDIA.

No olvides cómo describe la Biblia al diablo: "Practiquen el dominio propio y manténganse alerta. Su enemigo el diablo ronda como león rugiente, buscando a quién devorar" (1 Pedro 5:8).

Él está merodeando y vigilando a los que no se controlan ni están alerta. Otra traducción nos advierte que seamos sobrios y vigilantes. Lo contrario de sobrio es borracho. El borracho, a menudo, no es consciente de lo que realmente ocurre a su alrededor. Sus percepciones y perspectivas son borrosas. Su tiempo de respuesta se ralentiza y su razonamiento se distorsiona. Estar vigilante es estar atento y en guardia; implica permanecer despierto y ser observador.

Los leones suelen cazar de noche. A ellos se compara al diablo. Es más, la Palabra lo compara con un león rugiente acechando a alguien a quien devorar. Es evidente que no entra, literalmente, en nuestras habitaciones y nos devora —o destruye— físicamente. Si ese fuera el caso, cada uno de nosotros podría resolver —seguramente— cualquier problema de ira antes de permitir que nuestra cabeza repose en la almohada. No, él nos devora, o consume, de otras maneras más sutiles. Estas, aunque son menos obvias, no son menos peligrosas para nosotros. Él consume nuestra alegría, nuestra paz, nuestro descanso, nuestra fuerza, así como nuestra salud, nuestras relaciones y nuestros pensamientos. Sustituye el silencio apacible por un estruendo de acusaciones. El temor, sereno y reverencial, al Señor se ve ensombrecido por el miedo atormentador y tortuoso. Creo que Dios utilizó muy bien el terror y la persistencia de un león hambriento para ilustrar visualmente la determinación y la persistencia de la persecución de Satanás. Él capta el olor de la ofensa y de la ira no resuelta como detecta, el león, la sangre de su presa.

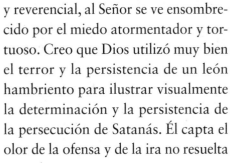

AL DIABLO SE LE COMPARA CON UN LEÓN RUGIENTE QUE BUSCA A ALGUIEN A QUIEN DEVORAR.

Duerme a plena luz

Quizá nunca lleguemos a comprender a plenitud, al menos en esta tierra, lo importante que es obedecer las advertencias de Dios. A los que tienen una obediencia infantil, y no ofrecen largas explicaciones, se les suele conceder mayor autoridad espiritual que a los sabios que optan por apoyarse en su propio entendimiento. La obediencia protege, pero la sabiduría del hombre es necedad para Dios. En comparación con la de él, nuestra sabiduría no es más que majadería.

Vivo en una zona boscosa de Colorado y, si un guarda forestal viniera a la puerta de mi casa y me informara que hay un oso salvaje y voraz deambulando por nuestro vecindario, no solo le haría caso, sino que le preguntaría si puede sugerirme algún consejo para prevenir el mal. Si me dijera: "Es importante que esta noche duerman con las luces encendidas", lo haría, a pesar de que prefiero dormir a oscuras. Seguiría durmiendo con las luces encendidas hasta que capturaran o mataran al oso.

Dios quiere que durmamos a la luz de su verdad, tanto si entendemos bien por qué como si no lo comprendemos. Si se nos advierte tan sucintamente que seamos sobrios, vigilantes, alertas y que nos controlemos a nosotros mismos, haríamos bien en prestar atención a la advertencia.

He aprendido esta lección por las malas. Pensaba que era más sabia y que podía arreglármelas por mí misma para dormir enfadada. Eso no empezó cuando me casé, sino muy temprano en mi vida, cuando era niña y ya joven adulta. Me echaba en la cama y meditaba sobre mi enfado o la ofensa. Me imaginaba

> **LA SABIDURÍA HUMANA NO ES MÁS QUE MAJADERÍA ANTE DIOS.**

cómo vengarme y lo que pensaba sobre la justicia. No era cristiana, así que nunca tuve en cuenta la sabiduría ni la perspectiva de Dios durante mis amargas meditaciones. Permitía que los razonamientos de este mundo dictaran mis actitudes y respuestas.

Los estudios han demostrado que la mayoría desarrollamos nuestra respuesta airada cuando somos niños pequeños. Los patrones se establecen a través del refuerzo positivo o negativo. Aprendimos lo que funcionaba o nos llamaba la atención, y lo repetimos tan a menudo que se convierte en un hábito.

En cierta medida, algunas personas toman la peligrosa decisión de dormir enfadadas por ignorancia, como lo hice yo en mi niñez. Otras pueden haber conocido la verdad y, sin embargo, haber elegido su propia sabiduría. Y otras no se van a dormir enfadadas con alguien. No, su enojo se dirige contra ustedes mismos. Se van a dormir decepcionados y disgustados consigo mismos e imaginan que castigándose, a lo largo de la noche, despertarán cambiados y diferentes. Pero eso no es cierto. El castigo nocturno no será constructivo, será destructivo.

> **LOS PATRONES SE ESTABLECEN A TRAVÉS DEL REFUERZO POSITIVO O NEGATIVO.**

Te equivocas al pensar que la ira solo es destructiva cuando se descarga sobre los demás. Cuando no estaba enojada con mi marido, a menudo me sentía decepcionada conmigo misma. Me iba a la cama cada noche y recitaba una lista mental de todos y cada uno de los fallos del día. Me azotaba con ella, fustigándome con la vergüenza de cualquier error recordado en un intento por pagar una penitencia por mis infracciones.

No estoy diciendo que sea incorrecto reflexionar en tu día y observar que has cometido errores o desear haber hecho las cosas de otra manera. Es saludable permitir que el Espíritu Santo te traiga a la memoria cualquier palabra o acto penoso. Pero esto se logra mejor en la quietud de tu cama mientras lees tu Biblia o comulgas con el Señor en tu corazón. Lo que yo hacía, y lo que me temo que muchos pueden hacer, era reprenderme por la noche y luego permitir que el peso de ello me asfixiara mientras dormía. Por la mañana me permitía orar y pedir perdón, pero para entonces la culpa tenía tal dominio sobre mí que era difícil creer que la misericordia de Dios era nueva cada mañana.

Por ejemplo, si estaba decepcionada por la forma en que había tratado a mis hijos durante el día, insistía mucho en el tema: *Debería ser más paciente*. Entonces dejaba que la culpa pesara sobre mí hasta que me sintiera desesperadamente horrible, y me iba a dormir con esa desesperación y ese autodesprecio. Mi esperanza era despertarme sintiéndome tan mal por mi impaciencia que esta no se reprodujera. En vez de eso, me despertaba sintiéndome desesperanzada y como una fracasada. Eso me pesaría y me haría sentir abrumada, lo que hacía que los retos del día parecieran mucho más agotadores. Me había preparado para fracasar de nuevo. He aprendido que tanto el autodesprecio como la ira son destructivos. Infligirnos culpa no reforma nuestras relaciones con los demás, ni funcionará contigo.

Jesús comprendió que la culpa de nuestros pecados y faltas era demasiado para que la aguantáramos, así que la soportó por nosotros. Él quiere que nuestras faltas sean expuestas por la luz de su verdad, que es su Palabra. Esta luz cura lo que revela. A medida que nos acercamos a él, disipa la oscuridad de nuestras vidas hasta que se convierte en luz. La culpa es oscuridad; la misericordia es luz. El siguiente es uno de mis versículos favoritos. Uno que pinta una bella imagen del proceso de transformación.

La senda de los justos se asemeja a los primeros albores de la aurora: su esplendor va en aumento hasta que el día alcanza su plenitud. Pero el camino de los malvados es como la más densa oscuridad; ¡ni siquiera saben con qué tropiezan!

—Proverbios 4:18-19

En un capítulo posterior trataremos el importante tema de perdonarse a sí mismo. Pero por ahora debes notar que estás en el camino de los justos. Aunque no seas perfecto, estás caminando en dirección al día perfecto. Ahora es el momento de permitir que tu corazón sea purificado. ¿Aceptarías la Palabra y la sabiduría de Dios? Si es así, ora conmigo.

Querido Padre celestial:

Acudo a ti en el nombre de Jesús. Soy culpable de haber dormido con el enemigo. Perdóname. Ya no dormiré con rabia, culpa ni ira. Ya no permitiré que las tinieblas envuelvan mi corazón. Quiero que la luz de tu Palabra y tu amor impregnen mi corazón de verdad. Estaré quieta y en silencio en mi cama mientras busco tu consejo. Abrazo la promesa de tu Palabra, que dice: "Al acostarte, no tendrás temor alguno; te acostarás y dormirás tranquilo" (Proverbios 3:24). Me humillo en obediencia bajo tu mano poderosa. Resisto al diablo, y él debe huir de las zonas donde le he concedido un punto de apoyo. Cúbreme mientras descanso, pues "me acuesto y me duermo, porque solo tú, Señor, me haces vivir confiado" (Salmos 4:8).

4 | PREPARADOS ...
APUNTEN ...
FUEGO

Estas palabras de gran contenido visual ayudan a ilustrar el ciclo de la ira: el paso de la ira al pecado. Después de oír "Preparados, apunten, fuego", uno no puede evitar imaginar la escena. Podemos ver a alguien que tal vez esté sereno o poco preparado que se pone en posición de alerta y listo. La postura se vuelve erguida y sus manos se ciernen sobre su arma de defensa. A continuación lo vemos levantar el arma y buscar atentamente su objetivo, apuntando con precisión, anotando mentalmente la distancia de la víctima y su disposición. Una vez lograda la puntería, solo queda la decisión de disparar y el simple acto de apretar el gatillo o soltar una flecha. Finalmente hay una pausa mientras se espera la respuesta del blanco.

Creo que esta secuencia de palabras retrata con precisión y vigor no solo el acto de disparar, sino también el paso de la ira al pecado o, para ser más precisos, la progresión de la ira a la rabia y a la furia.

En estado de preparación

En el libro de Neil Clark Warren, *Make Anger Your Ally*, la ira se describe como "completamente natural, perfectamente legítima. Es ese suceso interno que nos prepara para hacer frente a experiencias hirientes, frustrantes y temerosas". Y "la ira es simplemente un estado de preparación física". Continúa explicando: "Cuando estamos enfadados, estamos preparados para actuar". La ira en su forma más pura es la capacidad o disposición física para responder. Por supuesto, no hay nada malo en estar preparado, dispuesto y capaz de responder o —deberíamos decir— disparar. Todavía no se ha hecho ningún daño; solo nos estamos preparando para lo que pueda venir. No se ha levantado el arma; simplemente somos conscientes de una mayor sensación de su posible necesidad.

Preparados es cuando la adrenalina empieza a correr por nuestras venas, transportando sangre a nuestros músculos a medida que se tensan en respuesta. Incluso nuestra respiración se acelera para satisfacer cualquier posible aumento de la demanda de aire, y el tambor de nuestro corazón aumenta el ritmo. Nos encontramos en un agitado estado de irritación. Puede que los que nos rodean ni siquiera sean conscientes de nuestro elevado sentido de la preparación. No oyeron la orden de nuestro sargento instructor interior que decía *"¡Preparados!"* aunque resonara en cada célula nerviosa de nuestro cuerpo.

¡Hay un enemigo alrededor! ¡Ponte en guardia! ¡Prepárate para atacar o ser atacado! Incluso ahora mide tu respuesta por la intensidad de tus sentimientos. ¿Hasta qué punto estás alterado? ¿Hasta qué punto eres razonable? ¿O se ha anulado tu razonamiento? Las fuerzas emocionales y físicas de la ira nos han preparado para algo y estamos dispuestos, pero ¿ahora qué? ¿Golpeamos o huimos?

De repente, se emite la segunda orden: *"¡Apunten!"*. Nos damos cuenta de que al hacerlo daremos a conocer el arma. Si alguien se preguntaba si estábamos enojados... ahora ya lo sabe. Levantamos y nivelamos el arma elegida en dirección a nuestro objetivo. Hemos apuntado, pero ¿hasta dónde llegaremos? Tal vez la mera identificación del agresor alivie la necesidad de nuevas acciones. Ahora estamos preparados para la confrontación. Estamos armados pero posiblemente todavía no somos peligrosos. El mero hecho de apuntar no implica, necesariamente, el compromiso de disparar. Se dispare un arma o no, una vez que se apunta a otra persona, toda la dinámica inmediata de la relación cambia.

La rabia sigue progresando hasta convertirse en furia a medida que aumenta nuestra temperatura y, en ese punto, estamos decididos a disparar. Ahí se introduce un elemento de desesperación y miedo. Debemos destruir o ser destruidos, así que apuntamos al humano o humanos infractores como objetivos y enfocamos la mira en ellos. Pero, ¿dónde les damos? ¿Queremos herirlos temporalmente, o quizás lisiarlos, para que caminen cojos en el más allá? ¿O será necesario eliminarlos por completo del panorama? En ese caso debemos enfocarnos en un órgano vital como el corazón. En nuestro agitado estado, ¿podemos tomar, con seguridad, una decisión vital? Debemos hacerlo. Hay una urgencia que nos empuja hacia adelante. Ahora estamos seguros de que debemos atacar la cabeza o el corazón. Apuntamos con cuidado y deliberadamente, y esperamos la siguiente señal: *"¡Fuego!"*.

Apretamos el gatillo, retrocediendo por la fuerza que hemos descargado. Por un momento cerramos los ojos para parpadear y ver la imagen que nos espera, solo para abrirlos inmediatamente.

Ante nosotros hay una destrucción sangrante. Es mucho más real y horrible de lo que imaginábamos posible. Estamos conmocionados por la devastación y empezamos a cuestionar las órdenes del oficial instructor, que ahora guarda un extraño silencio.

¿De qué hemos sido testigos? Hemos observado la manera en que la respuesta natural de la "ira" se intensificaba hasta llegar a la peligrosa fase final y lamentable de la furia. Este ejemplo ilustra la línea divisoria entre la ira constructiva y la furia destructiva. La ira sería la preparación emocional y física, el enojo sería la introducción del arma y la furia sería la decisión desenfrenada de utilizarla para destruir.

Las armas de la ira

Demasiado a menudo hemos vivido ese escenario en el que se anuncia la expresión: Preparados, apunten, fuego… sin que se trate de armas físicas. Nuestras armas son menos tangibles y vienen en forma de palabras, pensamientos o acciones. Tal vez, incluso ahora, tu mente esté dirigiéndose a un momento en el que un arma de este tipo se disparó en tus manos. Algunas personas recuerdan haber levantado la vista solo para descubrir que otro individuo los tenía en *el* punto de mira. Es importante que nos internemos en algunos ejemplos detallados y prácticos sobre la ira y la furia porque, *a menudo, gran parte de lo que llamamos ira no lo es en absoluto, es solo una o varias etapas progresivas de ira o furia.*

NUESTRAS ARMAS VIENEN EN FORMA DE PALABRAS, PENSAMIENTOS O ACCIONES.

¿Recuerdas la historia del primer capítulo cuando lancé el plato? Mientras fregaba los platos, mi tensión emocional me llevó a la etapa "preparada", en cuanto a la ira. Sabía que estaba agitada y luchaba por mantenerme bajo control. Entonces me di cuenta. Permití que una palabra o frase utilizada por mi marido me empujara más allá de la ira y me llevara al terreno de la rabia. Identifiqué un objetivo en mi esposo. En ese momento aún podría haberme contenido, pero opté por permitir que imperaran la rabia y la furia, de forma que liberé toda la fuerza de mis emociones al lanzar el plato.

Veamos ahora un ejemplo bíblico de "preparados, apunten… fuego". Se trata del conocido relato de Caín y su hermano Abel. Aunque estés familiarizado con ese pasaje, dedica un tiempo a repasarlo como si fuera la primera vez que lo lees.

Tiempo después, Caín presentó al Señor una ofrenda del fruto de la tierra. Abel también presentó al Señor lo mejor de su rebaño, es decir, los primogénitos con su grasa. Y el Señor miró con agrado a Abel y a su ofrenda, pero no miró así a Caín ni a su ofrenda. Por eso Caín se enfureció y andaba cabizbajo.

—Génesis 4:3-5)

Aquí hay un problema. Dios concedió su favor tanto a Abel como a su ofrenda, pero no lo otorgó a Caín ni a la ofrenda de él. Imagínate la intensidad emocional de esto. Caín había esperado plenamente que su labor fuera recompensada por el Santo. Tal vez incluso sintió que su ofrenda era superior a la de Abel. Después de todo, él había trabajado durante un largo período y Abel se había limitado a sacrificar ovejas en un solo día. Caín quedó conmocionado por la revelación. Sabía que Dios era Dios y no quería admitir la posibilidad de que él mismo hubiera fallado... debía ser culpa de Abel. De alguna manera Abel había desplazado la bendición de la vida de Caín. Por eso, estaba molesto, muy molesto. Estaba más que preparado.

¿Por qué?

Pero no miró así a Caín ni a su ofrenda. Por eso Caín se enfureció y andaba cabizbajo. Entonces el Señor le dijo: "¿Por qué estás tan enojado? ¿Por qué andas cabizbajo? Si hicieras lo bueno, podrías andar con la frente en alto. Pero si haces lo malo, el pecado está a la puerta para dominarte. No obstante, tú puedes dominarlo"

—Génesis 4:5-7

Dios nos hará las mismas preguntas a nosotros: *¿Por qué? ¿Qué es lo que te tiene tan emocionalmente cargado en este momento? ¿Cuál es el verdadero problema?*

Dios estaba consciente de la ira de Caín, por lo que le hizo una pregunta muy importante: "¿Por qué?". Dios ya sabía por qué estaba enfadado; quería que Caín lo supiera. Si Caín se hubiera tomado el tiempo para responder sinceramente a esa pregunta, podría haberse evitado la siguiente tragedia. Pero él nunca se ocupó de la verdadera cuestión de *por qué estaba molesto. Siempre es más fácil volverse contra otro que afrontar la verdad.* Como Caín no respondió, Dios le tendió la mano y le habló al nivel de la verdad donde residía la cuestión. Le recordó a un Caín ofendido: "Si haces lo correcto, ¿no serás aceptado?". Dios le aseguró que hacer lo correcto traería aceptación y luego le advirtió: "Pero si no haces lo correcto, el pecado está agazapado a tu puerta; desea capturarte, pero debes dominarlo".

Caín estaba en posición de listo, preparado. Estaba furioso y, aunque aún no había apuntado, ya estaba pensando en ello. Dios lo sabía y le advirtió con firmeza que la elección era suya: dominar el pecado o, mejor dicho, dominar su rabia naciente. Caín no lo obedeció y, en vez de eso, esperó una oportunidad para ejecutar su venganza. Tenía a Abel en su punto de mira, solo faltaba el momento oportuno.

> Caín habló con su hermano Abel. Y cuando estaban en el campo, Caín atacó a su hermano y lo asesinó.
>
> —Génesis 4:8

Tal vez atrajo a Abel al campo pidiéndole ayuda o invitándolo a ver lo que quedaba de su cosecha. Pero en todo momento el propósito de Caín fue matar a Abel. No había hecho caso a la advertencia de Dios, sino que se había entregado al pecado, permitiendo que lo dominara.

> El Señor preguntó a Caín: "¿Dónde está tu hermano Abel?".
> "No lo sé —respondió—. ¿Acaso soy yo el que debe cuidar

a mi hermano?". "¡Qué has hecho! —exclamó el Señor—. Desde la tierra, la sangre de tu hermano me reclama justicia".

—Génesis 4:9-10

Caín sabía exactamente dónde estaba su hermano... estaba muerto y enterrado en el campo, rodeado del fruto de la ofrenda que Dios había rechazado. ¿No es interesante que Caín supiera cómo sacrificar, pero reservara eso para su hermano y no como un acto de obediencia? Podemos suponer que ambos hermanos habían aprendido sobre el sacrificio de un cordero sin mancha que hicieron sus padres, Adán y Eva. Sin embargo, Caín había permitido que su ira siguiera el curso de la destrucción, de la rabia a la furia y la ira.

Si hacemos lo correcto seremos aceptados y conservaremos la capacidad de dominar al pecado. Aunque la mayoría de nosotros nunca hemos asesinado literalmente a nuestro hermano, muchos hemos sido testigos de la devastación producida por palabras y acciones destempladas, calumnias y chismes premeditados. Para lidiar con éxito ante la ira, siempre debemos responder primero con honestidad a la pregunta que Dios le hizo a Caín: "¿Por qué estás enojado?".

Padre celestial:

Vengo a ti revestida de la justicia de Jesús. Señor, quiero la verdad en lo más íntimo de mi ser. Te pido que abras los ojos de mi corazón para que pueda saber por qué me enfado. Escudriña mi corazón; revélame día a día cuándo mi reacción ante algo sea ira, para que pueda preguntarme por qué.

5 | CRÍMENES PASIONALES

Era una mañana idílica. Mi querida amiga Chris había pasado por casa con sus hijos y habíamos disfrutado juntas de unos momentos fugaces sorbiendo café aromatizado endulzado con helado en el porche trasero con mosquitero. Observábamos satisfechas a nuestros cuatro hijos jugando juntos y felices en el patio. No había habido ni una riña entre los dos hijos de ella y los dos míos. El sol bailaba sobre sus cabecitas mientras correteaban entre los árboles y escalaban el columpio. Había una suave brisa que anulaba la humedad de Florida y el teléfono no había sonado ni una sola vez. ¡Habíamos disfrutado de una conversación ininterrumpida por casi una hora! En la tranquilidad de todo aquello, habría sido fácil olvidar las muchas cosas que ambas teníamos aún por hacer. Suspiramos, conscientes de todo eso. Nuestro café se había acabado y pronto llegaría la hora de comer. Mientras llamábamos a los pequeños, reflexioné bastante sobre mis hijos: "¡Qué chicos tan felices y bien adaptados tengo!". Les di unas palmaditas en la cabeza mientras se escabullían por la puerta abierta. Un comportamiento tan estupendo debía ser premiado por todos... todos habían compartido tan bien y jugado con mucho cariño.

"Espera un momento, Chris. Te acompañaremos a la salida. Tengo algo que quiero darles a los niños ya que jugaron tan bien". Me dirigí hacia la cocina y agarré una bolsa de golosinas masticables en forma de dinosaurios.

"Aquí tienen un regalo especial para después de comer. Cada uno puede elegir dos. Austin, puedes repartirlos".

Vertí una generosa cantidad en la mano de mi hijo de dos años, que le extendió la mano con cierta vacilación a su amigo de seis años, el cual eligió con cautela dos de las golosinas de colores brillantes. A continuación, Addison, mi hija de cuatro años, agarró dos. La hija de mi amiga estaba cogiendo sus dos cuando, de repente, la mano de Austin se cerró en un apretado puño.

—Austin, dale sus dinosaurios a Richie —lo animé.

—No —respondió Austin. Cuando levantó la mirada reconocí la determinación en sus ojos.

—Austin, tenemos muchos más de esos. Dale dos, y si no te gustan los que quedan, puedes elegir entre los de la bolsa.

Su única respuesta fue aferrarse al poste del buzón y negar con la cabeza.

Ahora me estaba avergonzando. Había sido razonable e incluso reconocía que no había sido la mejor elección para repartir caramelos, pero no cedía. Mi amiga realmente necesitaba irse, así que corrí a agarrar el resto de la bolsa de caramelos y se la ofrecí a su hija. Mientras se subían a los asientos del auto y se ponían el cinturón de seguridad, Austin permaneció firmemente sujeto al buzón.

Decidí ignorarlo por el momento y me despedí disculpándome por la grosería de Austin. Mientras les hacía señas hasta que se perdieran de vista, lo llamé. "Vamos, Austin, vamos a entrar ya". Addison entró corriendo alegremente, pero Austin se negó a abandonar su puesto. Caminé despreocupadamente hacia el buzón, esperando que ninguno de mis vecinos estuviera presenciando el episodio. Cuando me di cuenta de que no podía convencerlo para que entrara, miré a ambos lados y lo aparté del buzón. Por supuesto, en ese momento pasó un automóvil. Intenté parecer despreocupada mientras arrastraba a un niño de dos años pataleando y gritando por el jardín. *¿Y si alguien pensaba que lo estaba secuestrando?*

Atrás quedaban los pensamientos orgullosos de mi paternidad autojustificada.

Una vez dentro las cosas no mejoraron. Le abrí el puño, le quité las golosinas sudorosas y mutiladas, y le dije que subiera a su dormitorio hasta que se calmara. Luego fui a la cocina. Pero él no tenía intención de calmarse ni de ir a su habitación.

—¡No iré a mi habitación! —afirmó.

—Sí, irás —repliqué con calma, permaneciendo en la cocina.

—¡No me voy a mi habitación! —gritó más fuerte.

—Claro que sí. Vas a obedecerme —repliqué manteniendo mi voz calmada y tranquila.

—¡No! ¡No me voy a mi habitación! —volvió a gritar.

Pero esta vez me di cuenta de que su voz ya no procedía del vestíbulo, sino de la mitad de la escalera.

—Sí, lo harás —le contesté.

Le hice un gesto a Addison para que se asomara sigilosamente por la esquina y me dijera dónde estaba Austin.

—Está sentado en lo alto de la escalera —informó Addison con un susurro.

—¡No voy a entrar en mi habitación! —volvió a gritar Austin. Esta vez me limité a ignorar sus amenazas y empecé a mantener una conversación con Addison. Austin continuó con sus declaraciones independientes durante otros quince minutos más o menos, pero cada vez con menos celo. Entonces le oí decir con rotundidad:

—No voy a dormir. No voy a hacer la siesta.

Repitió esta frase unas cuantas veces más y luego hizo silencio. Me asomé por la esquina, esperando encontrarlo dormido en lo alto de la escalera, pero no estaba a la vista. Me deslicé silenciosamente escaleras arriba y lo encontré profundamente dormido en su cama.

¿Por qué luchamos tanto?

Austin, en algún nivel consciente, sabía que estaba equivocado e incluso sabía lo que necesitaba. Había dormido una siesta, después de protestar mucho tiempo. ¿Por qué había luchado tanto? Obviamente estaba agotado y cansado.

Respecto a nosotros, ¿por *qué* luchamos tanto? Sobre todo cuando estamos agotados y cansados. Creo que a menudo es por la misma razón por la que peleó mi hijo.

En su interior había, definitivamente, una razón para su protesta. Con razón o sin ella, sentía que su persona había sido agredida. No quería compartir los dinosaurios. Mientras veía cómo disminuía la cantidad de dulces en su mano, algo en él lo presionó. Cerró el puño, dando a entender que ya era suficiente. *No me importa lo que diga mami ni cualquier otra persona, no voy a compartir más mis golosinas.* Cuando despertó de su siesta en una situación razonable y serena, le dije que su comportamiento fue inapropiado y que no sería recompensado. Después de todo, no se masticó ni uno de esos dinosaurios.

Mira, no defiendo su comportamiento ni su egoísmo. Los niños, a menudo, ejemplifican en forma cruda y evidente lo que los adultos han aprendido a disimular con sutilezas. Nuestro cortés desprecio a menudo nubla la cuestión.

> LOS NIÑOS, A MENUDO, EJEMPLIFICAN EN FORMA CRUDA Y EVIDENTE LO QUE LOS ADULTOS HAN APRENDIDO A DISIMULAR CON SUTILEZAS.

Mantuve la calma durante ese encuentro, no porque sea una experta en crianza de niños (¿lo somos realmente alguna de nosotras? Cada día necesito la gracia y la sabiduría de Dios en ese terreno), sino porque me reconocí en él. Había luchado, frecuentemente, por sentirme frustrada y agredida sin saber cómo expresarlo con palabras. Así que hacía declaraciones irracionales de independencia como si dijera: "Haré esto pero solo bajo protesta, y será cuando esté preparada... Será a mi tiempo y a mi manera". Siempre nos enojaremos cuando nos sintamos agredidos, cuando alguna parte de nuestra persona sea atacada de forma real o aparente.

Ya hemos definido la ira como un estado físico agitado en el que la conciencia está más sensible; por lo tanto, no tenemos que ir demasiado lejos para darnos cuenta de que la ira también incluye pasión. Las personas se enojan con respecto a áreas por las que sienten una gran pasión.

Por ejemplo, hay ciertas áreas en las que puede que te cruces conmigo y no me molestaré ni me alteraré por el contacto. Estas áreas varían y se desplazan a medida que, creo yo, maduren y cambien mi entorno vital y mis marcos de referencia.

LAS PERSONAS SE ENOJAN CON RESPECTO A ÁREAS POR LAS QUE SIENTEN UNA GRAN PASIÓN.

La pasión de la ira

Cuando estaba en la secundaria no había nada que me apasionara o aterrorizara más que la idea de que se burlaran de mí por causa de mi ojo artificial. Recuerdo un incidente, en particular, en el que reaccioné con un arrebato de ira. Era un partido de fútbol y varios amigos nos apretujábamos entre las gradas para llegar a nuestros asientos. Siempre me desagradó eso porque era consciente de que perturbaba a todas las personas que estaban sentadas y me sentía extremadamente incómoda. Yo era la última persona de la procesión que pasaba en busca de los asientos y, mientras me movía entre los molestos espectadores iba disculpándome. Al pasar junto a un tipo particularmente rudo y corpulento me dijo: "Está bien... tuerta". Al instante, mi rostro cambió de colores. Me detuve y me dirigí a él. "¿Cómo me has llamado?", le pregunté, desafiándolo a que me lo dijera en la cara y no por la espalda. Se encontró con mi mirada y volvió a decir: "Tuerta". Sin mediar más palabras, le arrojé lo que tenía en mis manos y el tipo quedó con toda la cara bañada por mi Coca-Cola. Volteé y busqué a mis amigos, pero ya estaban sentados y perdidos en aquel mar de estudiantes de secundaria. Me abrí paso entre una multitud conmocionada, temblando de rabia y miedo. Ni siquiera recordaba lo que el tipo dijo como respuesta. Por supuesto, toda la sección de gente había visto mi arrebato pero ninguno había oído sus palabras. Encontré a mis amigos y me senté. Pronto recibí la noticia de que el chico pretendía darme una paliza después del partido. Estaba demasiado enojada para preocuparme por eso. Le devolví uno de esos comentarios con algo como "No me importa. No me da miedo". Pero era mentira, estaba aterrorizada. Me aferré a mis amigos hasta que estuve a salvo en el auto de mis padres y temí volver a la escuela la semana siguiente. Estaba segura de que me encontraría y me mataría de un modo u otro. Sorprendentemente nunca volvió a molestarme, pero vivía bajo el temor constante de que alguien me llamara con cualquiera de los variados nombres que me decían... y lo hicieron.

Me apasionaba cuando se trataba de mi ojo. Cuando alguien me llamaba Cíclope, mi mundo daba vueltas. Ansiaba dejar la escuela y esconderme en mi habitación. Pero eso fue hace más de veinte años. Ahora estoy casada y me siento segura y querida en mis relaciones con mi marido y mis amigos. He aprendido que mi aspecto no es la medida de mi persona (¡Gracias a Dios!). Mis horizontes se han ampliado enormemente desde la secundaria. Ya no me defino ni me limito a esas experiencias estudiantiles. Me convertí en cristiana y aprendí a mirar más allá de mí misma.

Ahora soy adulta con cuatro hijos. No me importa quién me insulte ni que sobrenombre me digan, pero lo que no me agrada nada es que la gente se meta con mis hijos. Ellos son mi nueva pasión. Cuando algo los asecha, mi primera reacción es saltar inmediatamente y resguardarlos de la posibilidad de sufrir. La ira que me genera el trato que reciben ellos no desencadena una reaparición de mi dolor personal, sino una respuesta apasionada y protectora que se podría calificar entre la de una madre oso y la de un padre normal. Estoy consciente de que posiblemente sea excesivamente apasionada en este terreno, así que intento dar siempre un paso atrás y ver si mi protección es realmente necesaria. Al fin y al cabo, tengo cuatro hijos y no se alteran tan fácilmente como yo.

Recordemos el incidente que protagonicé en la grada. En aquel momento habría pensado que era imposible *no* echarle la Coca-Cola encima al hombre. No podía imaginarme pasando por alto aquello ni decidiendo ignorar su comentario. Para mí era una cuestión de vida o muerte. Si el tipo me hubiera atacado de verdad, habría luchado con todas mis fuerzas y nunca habría soñado con disculparme por echarle la Coca-Cola en la cara. Yo era una incrédula ignorante y apasionada. Pero, ¿dónde está hoy mi pasión? ¿Es porque me falta pasión por lo que ya no reaccionaría ante el mismo acontecimiento? No, sigo teniendo pasión, pero ya eso no es importante para mí. Ya no es un agravio. Sin embargo, eso no significa que no valore las opiniones en otros ámbitos de mi vida, y es muy posible que esos ámbitos vuelvan a cambiar con el paso de otros veinte años.

Sin embargo, ampliemos aún más nuestra definición de la ira. *Es un estado físico y emocional elevado de preparación para defender algo que nos apasiona, y nos apasiona cuando algo es importante para nosotros.* Por lo general, no nos enojamos por lo trivial a menos que esté relacionado con algo a mayor escala que sea importante para nosotros.

Veamos ahora la pasión. Con demasiada frecuencia nuestra cultura limita la pasión a lo relativo con lo sexual, pero la pasión abarca un espectro mucho más amplio y es evidente en el individuo mucho antes de que se despierte el deseo sexual. Necesitamos una definición de *pasión* más clara. Ese concepto es único puesto que abarca los dos extremos de la emoción humana: el amor y el odio. La pasión está estrechamente asociada a las siguientes palabras de apego: *emoción, entusiasmo, excitación, deseo, cariño, amor, afecto, encaprichamiento, ansia* y *lujuria*. También se asocia con estas palabras igualmente fuertes de alienación y distanciamiento: *fuego, arrebato, furia, ira, cólera, indignación, rabia, resentimiento, vehemencia* e *ira*.

Consideremos los significados anteriores de *pasión* y examinemos un versículo del libro de Santiago:

> Bienaventurado el varón que soporta la tentación; porque cuando haya resistido la prueba, recibirá la corona de vida, que Dios ha prometido a los que le aman (1:12 RVR1960).

Esta es la promesa y la amonestación que preceden a la advertencia. Creo que esto va junto con el aviso que recibió Caín. Es promesa de bendición para aquellos que elijan el camino de la vida. Por supuesto, Caín no soportó ni dominó la tentación, sino que asesinó a su hermano. La Escritura continúa diciendo

> Que nadie al ser tentado diga: "Es Dios quien me tienta". Porque Dios no puede ser tentado por el mal, ni tampoco tienta él a nadie. Todo lo contrario, cada uno es tentado cuando sus propios malos deseos lo arrastran y seducen (1:13-14 RVR1960).

Excusas, excusas

No permitas que *nadie* diga que Dios es la causa de su tentación. Creo que otra forma de decir esto sería: "Ni siquiera intentes echarle la culpa a Dios". Quizá recuerdes a Geraldine —el personaje de Flip Wilson— que siempre ponía la excusa: "¡El diablo me obligó a hacerlo!". En realidad, no creo que los creyentes digan: "¡Dios me obligó a hacerlo! Me obligó a cometer adulterio" o "Me obligó a dispararle a ese hombre". Creo que hay otra forma en la que inadvertidamente culpamos a Dios. Como, por ejemplo, cuando decimos: "No pude evitarlo" o "Simplemente, no

pude controlarme". O cuando contradecimos a Dios —que dice que podemos hacer todas las cosas por medio de Cristo que nos fortalece— y afirmamos que el pecado nos cautiva y no somos capaces de dominarlo. Puede que no lo digamos con la boca, pero lo más probable es que lo hagamos con nuestro estilo de vida.

NO PERMITAS QUE NADIE DIGA QUE DIOS ES LA CAUSA DE SU TENTACIÓN.

No le des más vueltas

> Luego, cuando el deseo ha concebido, engendra el pecado; y el pecado, una vez que ha sido consumado, da a luz la muerte.
>
> —Santiago 1:15

Cuando se permite que el deseo o las pasiones se muevan sin control en nuestros pensamientos, ellos abandonan el vientre de lo oculto y silencioso para salir a lo tangible y presente como pecado. Un ejemplo obvio de esto sería un hombre y una mujer que se desean sexualmente. A menudo, reproducen imágenes del objeto de su deseo en su mente; mucho antes de que haya habido cualquier contacto físico elaboran una amplia fantasía mental. Es probable que sea más que un fugaz pensamiento en el día, que al principio puede parecer hasta una violación (*¿Qué me ha hecho pensar en él de esa manera?*), a una meditación en la noche (*¿Me pregunto cómo sería estar con él para compartir su atención y su afecto?*). Pronto la línea entre fantasía y realidad se difumina. Pensar en el otro se convierte en anhelo. Al principio es una atracción emocional, luego se convierte en física. Fantasear a solas ya no es suficiente... debe haber contacto (*¿Siente él lo mismo? ¡Debo saberlo!*). Puede que este contacto luzca inocente, simplemente una pequeña prueba, pero rápidamente avanza. Las llamas del deseo son avivadas por las meditaciones del individuo deseoso, al punto que están fuera de control y amenazan con quemarlos si no sacian ese deseo. A ello le sigue el contacto físico, el cual es tan intenso que se ven arrastrados por un torrente pasional y un fuego de su propia cosecha. Luego se concreta el adulterio o la fornicación y, en última instancia, eso trae la muerte. Muerte a los matrimonios perdidos por el divorcio, muerte a la libertad al convertirse en esclavos de la pasión, muerte a la pureza sexual al profanarse los lechos matrimoniales.

Lo mismo ocurre con la ira. Alguien te ofende y, al principio, solo piensas en la ofensa de vez en cuando. Te entretienes con lo que realmente te gustaría decirle al ofensor si alguna vez tuvieras la oportunidad. Piensas en otras personas que podrían necesitar saber acerca de la ofensa que te han propinado. Posiblemente podrían aconsejarte. Si se trata de alguien con quien mantienes una relación desde hace tiempo, es posible que repitas infracciones anteriores que tienes almacenadas en tu banco de memoria. Ahora la ofensa ha crecido y necesita que le dediques más de tus pensamientos. Eso exige que le prestes atención; por eso, la próxima vez que veas a ese individuo te darás cuenta de que te sientes incómodo con él. Evita mirarlo a los ojos y sentir una falsa sensación de superioridad o un desagradable distanciamiento de él o ella. En este caso, la pasión de la que hablamos es el resentimiento. Crece en el vientre de tu mente como una ofensa. No pasa mucho tiempo antes de que te encuentres a ti mismo volviéndote cortante e impaciente con esa persona. Te enojas hasta cuando oyes que otro la elogia.

De la ira al resentimiento a ...

Comienza el pecado. La ira ha pasado de disgusto temporal a resentimiento duradero. Ha progresado de ira a rabia, y la rabia siempre busca una forma de liberarse. Es demasiado incómoda para mantenerla en tu interior durante mucho tiempo. Así que arremetes con rabia; chismes y calumnias en un esfuerzo por castigarlas. La rabia busca el castigo o la venganza a toda costa. El odio se cuela y la muerte no tarda en llegar en forma de relaciones rotas, confianza destruida y profundas raíces de amargura. La muerte siempre representa la ausencia de vida. El odio ennegrece el corazón y borra la vida.

> Todo el que odia a su hermano es un asesino y ustedes saben que en ningún asesino permanece la vida eterna.
>
> —1 Juan 3:15

Veamos esta Escritura. En primer lugar, dice *todo el que*. Esto incluye a cada individuo. No hay ninguna cláusula de excepción al pie de la página que diga: "Esto excluye a aquel que *realmente* haya sido maltratado por su hermano o hermanos". Cuando la Escritura dice todo el que, *quienquiera*, *cualquiera* o *todos*, significa que se aplica a cada uno de nosotros personalmente. No tenemos la opción de decir: "¡Pero tú no entiendes lo que hicieron!".

Cuando Dios da una instrucción tan completa como esta, no solo es una verdad a la que quiere que nos sometamos, sino también una para la que nos equipará para que la experimentemos. Dios dijo que quien odia a su hermano es un asesino. Eso es fuerte. No quiero que me llamen asesina. Sin embargo, puedo decir con franqueza que ha habido momentos en mi caminar cristiano en los que he encontrado odio en los oscuros recovecos de mi corazón. ¿Significa eso que estoy condenada eternamente como una eterna proscrita o incluso como una asesina? Sí, si permito que eso permanezca y crezca sin control; no, si no lo permito.

Cada uno de nosotros ha experimentado la gracia fortalecedora y la misericordia protectora de Dios. Ningún pecado es demasiado oscuro o atroz para que él no lo perdone. ¿Acaso Dios no perdona a los asesinos? Entonces, ¿cuál es la razón por la que Dios dice que el asesino no tiene vida eterna? En primer lugar, hay una gran diferencia entre alguien que comete el acto físico del asesinato, ya sea como un crimen pasional o premeditado, para después arrepentirse de su crimen, y alguien que vive con un estado perpetuo de homicidio en su corazón.

Debemos ver esto desde la perspectiva del reino, no desde la óptica de nuestro sistema judicial terrenal. Cuando un ciudadano de esta tierra asesina a otro, puede muy bien cumplir una cadena perpetua como una especie de pago por su crimen. Pero nosotros ya no somos simples ciudadanos de esta tierra, pues las Escrituras nos dicen: "Por lo tanto, ustedes ya no son extraños ni extranjeros, sino conciudadanos del pueblo elegido y miembros de la familia de Dios" (Efesios 2:19).

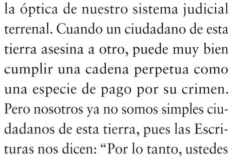

LA IRA BUSCA EL CASTIGO O LA VENGANZA A CUALQUIER COSTO.

Las leyes de esta tierra no nos gobiernan, solo las del cielo. El cielo no gobierna mediante normas y reglamentos externos grabados en piedra, sino por el código secreto escrito en nuestros corazones. Las reglas muertas y sin vida grabadas en piedra son para corazones muertos y duros. La ley de la libertad no es para corazones de piedra sino para los de carne. El texto de 1 Juan 3:15 se escribió a los cristianos como advertencia de que si odiamos a nuestro hermano, ya no reside en nosotros la vida eterna. En el reino de la tierra hay que matar físicamente para ser calificado de asesino, pero en el reino o casa de Dios, todo lo que hay que hacer es odiar.

Es importante señalar que los corazones de carne tienen una mayor capacidad tanto para el amor como para el dolor que los de piedra. Si se permite el odio a causa de una herida o un dolor intensos, desplazará lenta pero seguramente la vida eterna y el perdón de Dios en nuestra vida. Nos hallaremos consumidos y agotados. Nos resultará cada vez más difícil perdonar a los demás, incluso a los que no nos han

LAS LEYES DE ESTA TIERRA NO NOS GOBIERNAN, SOLO LAS DEL CIELO.

ofendido previamente. La ira deja de ser pasajera y temporal para convertirse en nuestra pasión. Es agotador vivir constantemente al borde de la ira. Al principio nuestros corazones nos condenan en un intento por sacar a la luz nuestra verdadera condición, luego empiezan a condenarnos a medida que esa luz es sustituida por el razonamiento y la rabia.

Sin embargo, hasta los corazones endurecidos de los cristianos pueden ser liberados por el poderoso martillo de la verdad de la Palabra de Dios. Ya he confesado que he encontrado odio en mi corazón desde que me hice cristiana. ¿Estoy condenada para siempre? No, opto por no permitir que permanezca en mí. Así que debes guardar tu corazón, asegurán-dote celosamente de que permanezca libre de ofensas no resueltas que han sido alentadas al permitir que la ira pase al estado de furia, enojo o ira.

ES AGOTADOR VIVIR CONSTANTEMENTE AL BORDE DE LA IRA.

Para algunos de ustedes el mensaje de este libro es precisamente un marti-llo de este tipo. Puede que incluso ahora estés librando una guerra de razonamientos en tu mente. Una voz saca a relucir los rostros y los nombres de quienes te han hecho daño y le suplicas que los perdone y los libere, mientras que otra voz sigue justificando cualquier odio o resentimiento hacia ellos. Ríndete a la primera voz. Deja de justificar tu rabia y permite que el Espíritu Santo camine más cerca de ti por el sendero de la vida.

> *Padre celestial:*
>
> *Acudo a ti en el nombre de Jesús. Confieso que oculto odio en mi corazón. Señor, no quiero que resida allí por más tiempo. Elijo la vida, no la muerte; la bendición, no la maldición. Renuncio al odio y me arrepiento de él con la misma intensidad que si fuera un asesinato. Gracias por abrir los ojos de mi corazón y revelarme la verdad. Enséñame a enojarme sin pecar.*

6 | CUANDO DUELE DEMASIADO

Es probable que estés pensando: Es que no *entiendes mi dolor. No sabes lo que me han hecho. Ignoras cuánto me duele.* Tienes razón, no lo sé; pero hay Alguien que sí lo sabe. Tal vez alguien, en quien una vez confiabas, te molestó o abusó de ti. Tal vez fuiste violada o violado por un extraño. Posiblemente fuiste abandonado y dejado solo por alguien que prometió estar siempre contigo. Tal vez tu hijo sufrió una muerte violenta o insensata. Alguien a quien quieres fue maltratado. Tus padres te decepcionaron o te rechazaron. Nunca te sentiste lo suficientemente bueno. Se burlaron de ti por el color de tu piel. Se mofaban de ti por una discapacidad. O te traicionó un amigo.

Las raíces de la amargura

Cualquiera de estas tragedias es lo suficientemente dolorosa como para llevar consigo semillas que generen una raíz de amargura. Es un miserable truco de Satanás plantar sus oscuras semillas en el suelo de nuestros corazones heridos, pero eso es lo que hace. Creo que es muy probable que cuando somos más vulnerables es que él se infiltra. Él nos anima a recordar el dolor, a retenerlo, a no soltarlo. Miente cuando nos promete que si retenemos el dolor y permitimos que imprima su recuerdo en nuestros corazones permanentemente eso, de algún modo, nos protegerá de futuras violaciones. Nos anima a no liberar nuestra ira al final del día, sino a sacar fuerzas de ella perpetuando su influencia en nuestro ser. Una vez más, esto es mentira.

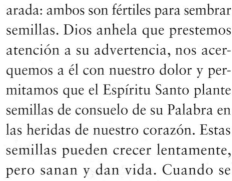

ES UN MISERABLE TRUCO DE SATANÁS PLANTAR SUS OSCURAS SEMILLAS EN EL SUELO DE NUESTROS CORAZONES HERIDOS.

Los corazones rotos son como tierra arada: ambos son fértiles para sembrar semillas. Dios anhela que prestemos atención a su advertencia, nos acerquemos a él con nuestro dolor y permitamos que el Espíritu Santo plante semillas de consuelo de su Palabra en las heridas de nuestro corazón. Estas semillas pueden crecer lentamente, pero sanan y dan vida. Cuando se plantan por primera vez, puede que nos sintamos débiles y vulnerables, pero estas semillas crecen en secreto, sanándonos desde dentro hacia fuera.

Satanás también anhela plantar semillas. Busca como un león voraz atraído por el olor de la herida. Nos adormece con nuestra ira y planta la cizaña de la amargura mientras luchamos en nuestros sueños. Nos despertamos con un chorro de venganza en las venas. Al principio es como la cafeína, que proporciona un impulso al alma cansada. El efecto es temporal y, al igual que la cafeína, agota los nutrientes saludables de nuestro cuerpo para lograr su objetivo; así ahoga, la raíz de la amargura, las plántulas nutritivas de la Palabra de Dios.

Las malas hierbas siempre crecen más rápido y más fácil que las plantas. Son plantas silvestres que viajan libremente, adaptándose a cualquier tipo de suelo que encuentren. En cambio, las semillas vivificantes de las frutas o verduras deben cultivarse con cuidado y son fácilmente ahogadas por las malas hierbas circundantes o las condiciones inadecuadas del suelo.

Asegúrense de que nadie quede fuera de la gracia de Dios, de que ninguna raíz amarga brote y cause dificultades y corrompa a muchos.

—Hebreos 12:15

Mirar atentamente con cuidado consiste en mantener una vigilancia diligente y constante. Se nos advierte en este versículo que el descuido en esta área puede hacer que fallemos en cuanto a la gracia de Dios. Esto da lugar a la raíz de amargura. Esa descripción me hace pensar en los tiempos en que, aún jovencita, me asignaban la tarea de arrancar malas hierbas. Siempre tenía prisa por terminar el trabajo y acabar de una vez para poder jugar. En mi descuido, a menudo arrancaba la parte superior de la mala hierba en vez de sacarla de raíz. No habría sido demasiado difícil arrancar la mala hierba con raíz y todo, pero eso suponía un poco más de esfuerzo. Tenía que perforar la tierra para agarrar la base, y no quería complicarme con eso. Seguramente —pensaba— sin el tallo y sin todas las hojas esa planta no sobreviviría, y mi madre nunca sabría lo que había bajo tierra. Rastrillaba la tierra sobre los nudosos tocones y seguía corriendo. Unas semanas más tarde, otra mala hierba ocuparía su lugar. A menudo era más pequeña que la original que había arrancado, pero ahora poseía un sistema de raíces asombrosamente tenaz. Mi madre me mostró lo necesario que era cavar alrededor de la base de la planta y exponer la raíz lo suficiente para poder sujetarla firmemente. Lo que usualmente sería una tarea fácil se había convertido ahora en una tediosa batalla.

¿Con qué frecuencia hacemos lo mismo con los jardines de nuestro corazón? Somos descuidados a la hora de limpiar y, en lugar de arrancar de raíz las malas hierbas del pensamiento erróneo, nos limitamos a arrancarlas a nivel visual y esperamos que nadie vea la raíz que queda bajo la superficie. No permitimos que el Espíritu Santo haga un trabajo profundo. No recibimos las palabras que traspasan y penetran; queremos las que suavizan las cosas. En la superficie parecemos limpios, pero debajo albergamos todo tipo de asuntos sin resolver. Las flores del lecho empiezan a marchitarse y a desvanecerse, pero aun así persistimos. Entonces, de repente, brota la raíz de la amargura. Mientras estaba bajo tierra se había enredado en el sistema radicular de las plantas sanas y las había drenado.

Cavamos alrededor de esa raíz amarga, asombrados por su profundidad y alcance. Nos ponemos guantes para poder agarrarla y tirar con todas nuestras fuerzas, siempre con cuidado de acercar cada vez más las manos a su base para evitar romperla de nuevo y dejar otro resto de raíz en el suelo. A medida que sube desplaza muchas flores, ¡y nos quedamos con un desastre que todos pueden ver!

¿Cómo nos contamina una raíz de amargura?

Las raíces amargas causan problemas y contaminan. Algo que una vez fue puro se contamina, se mancha, se adultera y se corrompe. Nuestros tiernos corazones, cuidadosamente plantados con buena semilla, están impregnados de tenaces raíces de veneno destructivo y amargo. Esta es la razón por la que se nos advierte: "Por sobre todas las cosas cuida tu corazón, porque de él mana la vida" (Proverbios 4:23).

Las malas hierbas drenarán y contaminarán tu suministro de agua viva. La raíz brota y te sientes vacío y sin vida. Se puede vivir un tiempo sin comida, pero no mucho sin agua. "Por sobre todas las cosas" significa que es de suma importancia que nuestros corazones estén protegidos. Pones la armadura donde eres más vulnerable. Encierras en cajas fuertes lo que más valoras. Tu corazón es tu fuente de vida o muerte, el lugar más íntimo de tu ser, donde residen tus emociones, pensamientos y deseos más profundos.

LAS RAÍCES AMARGAS CAUSAN PROBLEMAS Y CONTAMINAN.

Debería guardarse bajo llave. Debería haber un guardia en cada entrada posible.

¿Cómo nos contamina una raíz de amargura? En Hechos 8:23, Pedro reprendió a Simón el hechicero: "Veo que vas camino a la amargura y a la esclavitud de la maldad". Simón había creído y se había bautizado, pero aún quedaba cizaña en su corazón. Eso le hizo intentar irreverentemente comprar el don gratuito del Espíritu Santo para que aquellos a los que impusiera las manos pudieran recibir al Espíritu. La amargura nos mantiene cautivos del pecado. Debido a ofensas no resueltas intentaremos usar las cosas preciosas de Dios para buscar la aprobación de nosotros mismos, en vez de equipar a otros. Mezclaremos inadvertidamente lo precioso con lo vil. Lo puro y precioso puede entrar en nuestro corazón, pero pronto es manchado y contaminado por la raíz de amargura que tenemos en él. La gracia de Dios se manipula hasta convertirse en una licencia para pecar en vez de un empoderamiento para andar en obediencia.

Líbrate de la amargura

En el libro de Efesios, Pablo nos amonesta así:

> Abandonen toda amargura, ira y enojo, gritos y calumnias y toda forma de malicia. Más bien, sean bondadosos y compasivos unos con otros y perdónense mutuamente, así como Dios los perdonó a ustedes en Cristo (4:31-32).

El apóstol describió esto en Colosenses como quitarse el viejo vestido del yo y ponerse el nuevo yo, que está siendo renovado a imagen del Creador. Es un intercambio de ciudadanía del imperio de las tinieblas al reino de la luz. Esas expresiones malsanas o esos ciclos de ira que pudieron *parecer* —en un momento dado— que nos protegían, ahora vemos que —en realidad— nos contaminaban y esclavizaban.

Las raíces de la amargura brotarán en los momentos menos oportunos, cuando sea más inconveniente ocuparse de ellas. Aunque sean inconvenientes, se volverán mortales si se ignoran. Así que no te dejes engañar permitiendo que permanezcan sin control y nunca arranques la parte visible pensando que eso impedirá el crecimiento de la raíz. No lo hará; solo servirá para fortalecerla. Demasiado a menudo nos conformamos con la simple ilusión de que todo está bajo control y todo va bien cuando, en realidad, hay una tormenta de proporciones peligrosas rugiendo bajo la superficie llana.

Efesios vincula la amargura, la rabia, la ira y toda forma de malicia a la falta de perdón. El secreto para deshacerte de una raíz de amargura es perdonar y liberar a aquellos que te han herido profundamente. No digo que vaya a ser fácil hacerlo, pero sí que habrá dificultades duraderas si no lo haces. Oramos: Padre, "Perdónanos nuestras ofensas, como también nosotros hemos perdonado a nuestros ofensores" (Mateo 6:12). Esto significa que, en realidad, estamos pidiendo a Dios que nos perdone de la misma manera y en el mismo grado en que perdonamos a los demás. Eso podría meter en problemas a muchos que no hemos sabido perdonar libremente.

En el Evangelio de Lucas, el versículo reza así:

"Perdónanos nuestros pecados, porque también nosotros perdonamos a todos los que nos ofenden. Y no nos dejes caer en tentación" (11:4).

Esto significa que la propia justificación o fundamento por el que pedimos perdón es que hemos perdonado y liberado a *todos los* que han pecado contra nosotros. El perdón de los demás es un requisito previo al nuestro. Se nos anima a ser amables y compasivos con los demás y a perdonarlos, como nos perdonó Dios en Cristo. Esto significa que los liberamos total y completamente como si no nos debieran nada.

El perdón esencial

> Porque si perdonan a otros sus ofensas, también los perdonará a ustedes su Padre celestial. Pero si no perdonan a otros sus ofensas, tampoco su Padre perdonará a ustedes las suyas.
>
> —Mateo 6:14-15

No necesitas *la Concordancia de Strong* para entender esto. El punto es muy claro y dicho por el propio Jesús. Si perdonas, entonces tu Padre celestial te perdona; si no perdonas, tu Padre celestial tampoco te perdonará. El Evangelio de Marcos vuelve a hacerse eco de ello: "Porque si vosotros no perdonáis, tampoco vuestro Padre que está en los cielos os perdonará vuestras ofensas" (Marcos 11:26 RVR1960).

Esto elimina todas las dudas. El perdón es esencial si queremos guardar nuestros corazones con toda diligencia. Pablo, en una de sus cartas a la iglesia de Corinto, les instruyó desde la posición de padre y apóstol del cuerpo de creyentes de allí:

> A quien ustedes perdonen, yo también lo perdono. De hecho, si había algo que perdonar, lo he perdonado por consideración a ustedes en presencia de Cristo, para que *Satanás no se aproveche de nosotros, pues no ignoramos sus artimañas.*
>
> —2 Corintios 2:10-11, énfasis añadido

¿Qué tenía que ver Satanás con que Pablo perdonara a los que los santos de Corinto perdonaban? Es que Satanás burla a los que están cegados por la amargura y la falta de perdón, y Pablo quería servir de guardia en el espíritu para este precioso cuerpo de creyentes. Recuerda, la Biblia es clara: no luchamos con las personas. Nuestra batalla no es con los que podemos ver; libramos una guerra en el reino de lo invisible para poder caminar en paz en el reino de lo visible.

La batalla por perdonar

Pónganse toda la armadura de Dios para que puedan hacer frente a las artimañas del diablo. Porque nuestra lucha no es contra seres humanos, sino contra poderes, contra autoridades, contra potestades que dominan este mundo de tinieblas, contra fuerzas espirituales malignas en las regiones celestiales

—Efesios 6:11-12

NUESTRA BATALLA NO ES CON LOS QUE PODEMOS VER; LIBRAMOS UNA GUERRA EN EL REINO DE LO INVISIBLE PARA PODER CAMINAR EN PAZ EN EL REINO DE LO VISIBLE.

Tu verdadera batalla no es con quien te ha hecho daño, sino con el eterno enemigo de tu alma. El siguiente pasaje de las Escrituras nos permite comprender mejor los oscuros callejones de la falta de perdón. Por favor, léelo como si no lo hubieras leído nunca, ya que encierra una preciosa e importante verdad del reino.

Por eso el reino de los cielos se parece a un rey que quiso ajustar cuentas con sus siervos. Al comenzar a hacerlo, se presentó uno que le debía diez mil monedas de oro. Como él no tenía con qué pagar, el señor mandó que lo vendieran a él, a su esposa y a sus hijos y todo lo que tenía, para así saldar la deuda. El siervo se postró delante de él. "Tenga paciencia conmigo —rogó—, y se lo pagaré todo". El señor se compadeció de su siervo, perdonó su deuda y lo dejó en libertad.

—Mateo 18:23-27

En nuestra cultura no entendemos a los reyes que ostentan el poder de la vida y la muerte; tenemos juicios de bancarrota para escapar de nuestras deudas. Pero, por un momento, viajemos en los zapatos de este hombre. Imagínate el terror que sentía como siervo del rey. Llevas semanas oyendo el rumor de que el rey iba a ajustar cuentas con sus súbditos. Ahora has recibido una citación para acudir a palacio. Habías esperado y orado para que, de alguna manera, se te pasara por alto en todo eso. Sabes que eres culpable de administrar mal lo que se te confió, pero nunca esperaste que llegara este día. Sabes que tu deuda es grande, pero hace tiempo que dejaste de llevar la contabilidad. Una cosa es cierta: es una deuda que no podrás pagar.

Esperas afuera de la gran sala del trono hasta que llegue tu turno para comparecer ante el rey. Intentas mantener la calma; tal vez te conceda más tiempo, pero te tiemblan las manos. Te llevan ante él. Tu deuda es aun mayor de lo que imaginabas. Es imposible. No tienes recursos. El rey ordena que te vendan junto con tu mujer, tus hijos y todo lo que posees, y te despide con un gesto de cabeza. Antes de que los guardias puedan agarrarte para llevarte afuera, caes postrado ante ese rey y le suplicas que tenga misericordia, que —de alguna manera— lo pagarás todo. Mientras los guardias te levantan del suelo, el rey se voltea de nuevo hacia ti y te ve como un hombre indefenso y sin esperanza; piensa en tu mujer y tus hijos. Sabe que has gestionado mal tu deuda, pero ve tu agonía y tu miedo, por lo que su compasión lo conmueve. No accede a tu súplica de que le concedas más tiempo; en vez de eso, cancela tu deuda y dice a los guardias que te liberen. Luego se levanta y abandona el tribunal. Todos se quedan atónitos. Debías más que muchos otros que te habían precedido y, sin embargo, fuiste perdonado generosamente.

Nadie parece saber qué hacer a continuación. Acaban de experimentar una asombrosa revelación de la bondad de su rey. La misericordia ha triunfado sobre el juicio justo. Todavía aturdido por la revelación de que eres libre, empiezas a reír y luego a llorar. Abrazas a los atónitos guardias que te rodean mientras abandonas el gran palacio. Vuelves a casa y compartes la noticia con tu familia, y todos se regocijan juntos. Te has liberado de una carga extraordinaria e insoportable.

El tiempo pasa, y la intensidad de la misericordia del rey y de tu encarcelamiento se ha desvanecido de tu memoria. Sí, sigues estando agradecido; después de todo, no podrías disfrutar de todo lo que tienes si no fuera por la bondad del rey. Y ahora lo disfrutas de verdad porque es completamente tuyo. Con el paso del tiempo hasta empezaste a decirte a ti mismo que incluso el propio rey debió comprender tu posición y por eso te perdonó. En algún nivel, el rey debió saber que no merecías un trato tan duro. La deuda ya no se cierne sobre ti como un mal sueño. No le debes nada a nadie, pero hay quienes te deben a ti. No querrás volver a encontrarte en una situación tan vulnerable. Ha llegado el momento de cobrar las deudas.

> Pero saliendo aquel siervo, halló a uno de sus consiervos, que le debía cien denarios; y asiendo de él, le ahogaba, diciendo: Págame lo que me debes. Entonces su consiervo, postrándose a sus pies, le rogaba diciendo: Ten paciencia conmigo, y yo te lo pagaré todo. Mas él no quiso, sino fue y le echó en la cárcel, hasta que pagase la deuda.
> —Mateo 18:28-30 RVR1960

¿No es asombroso que el consiervo utilizara las mismas palabras que el siervo había empleado con el rey cuando le suplicó clemencia y, aun así, no quiso escucharlo? No solo le exigió el pago, sino que lo agarró por el cuello, se negó a tener misericordia con él y lo metió en la cárcel hasta que pagara la deuda. El siervo ejerció al máximo el juicio del que se había librado. Qué fácil habría sido para él mostrar misericordia porque a él mismo se le había mostrado una demasiado grande, pero se negó. Su corazón ya se había endurecido ante lo que se había hecho por él.

> Viendo sus consiervos lo que pasaba, se entristecieron mucho, y fueron y refirieron a su señor todo lo que había pasado. Entonces, llamándole su señor, le dijo: Siervo malvado, toda

aquella deuda te perdoné, porque me rogaste. ¿No debías tú también tener misericordia de tu consiervo, como yo tuve misericordia de ti? Entonces su señor, enojado, le entregó a los verdugos, hasta que pagase todo lo que le debía.

—Mateo 18:31-34 RVR1960

Observe que se le llama siervo *malvado*. Este hombre era un siervo del rey... solo que no tenía el corazón del rey. El rey había esperado que su bondad hubiera llevado a este hombre al arrepentimiento y luego a la compasión por los demás, pero no fue así. La misericordia del rey se había empleado en vano, así que restableció la deuda. Pero esta vez, en vez de ser vendido, fue entregado a los torturadores, para ser atormentado hasta que pagara íntegramente una deuda que nunca podría saldar. A este hombre se le perdonó solo para después pedirle cuentas. Pero usted no necesita mi opinión; Jesús ofrece generosamente la interpretación de esta parábola porque quería que su mensaje quedara claramente retratado:

Así también mi Padre celestial hará con vosotros si no perdonáis de todo corazón cada uno a su hermano sus ofensas.

—Mateo 18:35 RVR1960

Una deuda impagable

El rey es nuestro Padre celestial, nosotros somos el siervo con la deuda imposible de pagar, y nuestros hermanos y hermanas cristianos son los consiervos. Cada uno de nosotros *debe* perdonar de corazón las ofensas de los demás. Cuando no perdonamos, aprisionamos a los demás con las cadenas de la culpa y la condena; por lo que no tardaremos en encontrarnos atormentados. Puede ser en esta vida presente o en la venidera.

En lo personal, yo sabía lo que se sentía al vivir bajo una deuda impagable. Había acumulado numerosas transgresiones y ofensas en mi historial cuando finalmente me convertí al evangelio. Cuando John me dirigió para pronunciar la oración de salvación, me hizo repetir después de él: "Señor, confieso mis pecados". Lo miré con pánico en los ojos. "¡No sé si podré recordarlos todos!". Temía que la salvación que había estado tan cerca se perdiera ahora a causa de mi inagotable lista de pecados.

"No, no tienes que nombrarlos uno por uno; solo confiesa que has pecado". John me aseguró que eso era todo lo que necesitaba hacer. Me sentí reconfortada porque estaba segura de que Dios llevaba un registro de ellos mucho mejor que el mío. Sabía que era una pecadora y que necesitaba misericordia.

Sin embargo, no pasó mucho tiempo después de comenzar mi caminar cristiano que me encontré en un estado de falta de perdón por otros cristianos o, debería decir, consiervos. Sentía que me debían algo así como una disculpa. En el capítulo siguiente vamos a hablar con más detalle de la trampa que es juzgar. Permití que esto me carcomiera. Durante ese tiempo experimenté mucha guerra espiritual. Me sentía constantemente como un blanco... porque lo era. Era una cristiana que había caído presa de las artimañas del diablo. Durante ese trayecto pasé mucho de mi tiempo en oración atando y desatando, pero fue en vano. Eso estaba atado por cuerdas que yo misma forjé. Cuando finalmente vi la verdad, me di cuenta de que no importaba lo que me hicieran. No importaba si yo tenía razón y ellos estaban equivocados. Lo único que importaba era que mi Señor me había ordenado perdonar como había sido perdonada, y yo estaba desobedeciendo. Me sentí abrumada por el alcance de mi propia decepción. Había pensado que tenía tanta razón cuando, en realidad, había estado tan equivocada. Perdoné generosamente y luego clamé al Señor para que me lavara de nuevo en el río purificador de su misericordia, lo cual hizo. He estado atada y he sido libre, por lo que sé que estar libre es mejor. Es preferible mantenerse libre de resentimientos, aunque implique aceptar la humildad, que permitir que el rencor (de las aguas envenenadas) contamine nuestras vidas.

¿Y tú? ¿Estás cansado de comer el fruto amargo y venenoso producido por una raíz de amargura en tu vida? Entonces el primer paso es ser sincero y arrepentirte. Debes alejarte del odio y la amargura, a fin de permitir que el Jardinero Maestro arranque de raíz la amargura de tu corazón. Aunque prometió fortalecerte y protegerte, en realidad, eso ha agotado y quebrantado tu posición en Cristo.

HE ESTADO ATADA Y HE SIDO LIBRE, POR LO QUE SÉ QUE ESTAR LIBRE ES MEJOR.

Querido Padre celestial
Acudo a ti en el nombre de Jesús. Hay amargura en mi corazón. Mientras dormía el enemigo sembró cizaña. Separa ahora lo precioso de lo vil, lo que da vida de lo que la consume. Renuncio a las mentiras de Satanás y a todas sus artimañas en mi vida. No cederé más a sus razonamientos contaminantes. Exhibe cada raíz y extírpala ahora por tu Espíritu. Muéstrame a aquellos a quienes debo perdonar y liberar. En obediencia los libero de cualquier prisión de mi hechura. No me deben nada. Ni siquiera una disculpa. Los pongo en tus manos, pues solo tú eres el Juez justo.

7 | QUE GRAN ALIVIO... NO ERES EL JUEZ

No juzguen para que nadie los juzgue a ustedes (Mateo 7:1). ¿Qué significa exactamente juzgar a otro? Bueno, en esta referencia o connotación significa "condenar, castigar o enjuiciar". Cuando nos enojamos o molestamos con un individuo o un grupo de ellos, siempre existirá la tentación de pasar al siguiente nivel —la ira—, que nos anima a emitir un juicio. Queremos etiquetarlos porque así podemos descalificarlos como personas o por el cargo que ocupan. Juzgarlos es también un intento por absolvernos de culpa.

> ¿PODRÍA DIOS VERME, DE ALGUNA MANERA, Y NO VER MI PECADO?

En este libro tratamos la ira de manera directa, por lo que es importante que sea práctico. Creo que esto significa presentar algo de tal forma que pueda implementarse.

Juzga en defensa

Juzgar es un mecanismo de defensa. *Si la ira en su forma más pura es un disgusto temporal, el juicio es un rechazo permanente.* Para ilustrar esto voy a recurrir de nuevo a mi larga lista de fallos.

Ya contó cómo mi esposo, John, fue quien en verdad me habló de Jesucristo. En 1981, ambos asistíamos a la escuela de verano de la Universidad de Purdue. Aunque yo era inconversa, John se sintió muy impresionado al invitarme a un picnic en el que se efectuaría un estudio bíblico organizado por uno de los profesores. Esa pareja piadosa había abierto su casa durante años para discipular a estudiantes de los cuales John era solo uno de muchos. Los Blake, incluso, permitieron que John enseñara en su estudio bíblico semanal para que pudiera crecer y desarrollarse en un entorno seguro y responsable. Había muchos estudiantes, entre ellos algunas chicas cristianas encantadoras, que asistían a ese estudio en su casa. Cuando John apareció conmigo, la pagana de la universidad, todos quedaron atónitos. ¿Había reincidido John? ¿Sabía que yo era una incrédula? ¿Era yo, Satanás —encarnado— tras el líder de su estudio bíblico?

Lo cierto es que yo era estudiante universitaria y, como tal, un picnic representaba comida gratis. No tenía ningún interés inicial en John. Era simpático, pero yo no salía con chicos simpáticos. Recuerdo haberme sentido como una extraterrestre en aquella reunión. Todos parecían hablar el idioma extranjero del cristiano y yo no lo entendía. Después de la comida nos reunimos todos en la sala para tener un momento de adoración. No conocía ninguna de las canciones que entonaban. Ni siquiera las partituras que habían repartido con la letra me ayudaban. Miré a mi alrededor para ver si alguien más estaba tan perdido como yo. Se trataba de una reunión interconfesional y algunos de los estudiantes levantaban la mano aquí o allá. De modo que pensé: *¿Qué pasa? ¿Esta gente tiene alguna pregunta?* Estaba nerviosa e incómoda, así que empecé a leer la hoja de canciones en serio. Entonces la letra de una canción me golpeó: "Él no ve lo que yo solía ser, sino que ve a Jesús".

Mi mente empezó a acelerarse. ¿Podría ser esto posible? ¿Podría Dios, de alguna manera, mirarme y no ver mi pecado? ¿Podría observarme y no notar todas las cosas que había hecho? Me sentí abrumada por la conciencia de mi pecado y de mi vergüenza; llevaba ambas cosas como una prenda incómoda. Sentí simultáneamente el juicio de Dios y el cortejo del Espíritu. Me volteé hacia John, que estaba cantando. "¿Es esto realmente cierto?", pregunté señalando la letra. "¿Podría Dios mirarme y no verme?".

John me aseguró que eso era cierto, todo el tiempo absolutamente inconsciente de lo que estaba ocurriendo en mi interior. Empecé a oír una voz, la que siempre había pensado que era mi conciencia: "No puedo mirarte". Y supe por qué. No estaba cubierta en Cristo. Estaba cubierta de pecado y mundanalidad. Esa conciencia siguió aumentando mientras sentía una extraña especie de miedo y una batalla por mi alma eterna.

Después del picnic John y yo paseamos por el campus varias horas, y me habló del evangelio. Por primera vez fui capaz de entenderlo. Todas las piezas encajaban. Parecía como si pudiera ver toda mi vida conduciéndome hasta ese momento. Fue algo intenso. Sentí que no podía esperar ni un momento más, así que interrumpí a John.

"Quiero hacer esto. ¿Qué necesito hacer? ¿Necesito una Biblia? ¿Necesitamos encender algunas velas?".

Después de asegurarse de que entendía perfectamente lo que estaba haciendo, John oró conmigo y sentí como si me hubieran quitado un peso de doscientos kilos de encima. Volví flotando a mi dormitorio y pasé la mayor parte de la noche buscando el libro de Pablo, porque John lo había citado muchas veces; estaba segura de que tenía un libro designado en alguna parte. Incluso supuse que era uno de los doce discípulos originales.

A la mañana siguiente, mientras arreglaba mi cama, Dios me mostró claramente que John iba a convertirse en mi esposo. En aquel momento solo era una simple cuestión. John me caía bien; después de todo, ¡me había hablado del evangelio, lo cual ¡me salvó la vida! Pero siempre me había sentido atraída por hombres equivocados por razones equivocadas. John fue muy posiblemente el primero correcto que entró en mi vida. Así que mientras Dios tratuba conmigo también hablaba con él. Poco más de un mes después, John me pidió que me casara con él.

Estaba segura de que seríamos felices en nuestro matrimonio.

JUZGAR ES INTENTAR LIBERARNOS DE LA CULPA.

Tan segura que, en efecto, no me había molestado en escuchar cuando estuvimos en el asesoramiento prematrimonial. Ese tipo de consejos solo eran necesarios para esas pobres parejas que no habían sido unidas por Dios, no para nosotros. Lo más probable era que nunca tuviéramos problemas. Fue a los pocos meses de casados cuando el conflicto empezó a emerger.

La visión del hombre perfecto

Como ves, tuve una especie de visión. Una que, desde entonces, he aprendido, y es bastante común entre las mujeres recién casadas. Fue la visión de un hombre perfecto. Ese hombre de mi visión se parecía mucho a John pero actuaba de forma totalmente diferente a él. Fue justo entonces, como joven recién casada, cuando encontré mi propósito en la vida y abracé mi llamado. Fui escogida y puesta en la vida de John para cambiar lo que era a la imagen de ese hombre de la visión. Una nueva y crucial unción llegó a mi vida para llevar a cabo esa extraordinaria tarea. Ahora, sin siquiera intentarlo, podía ver cada defecto de mi esposo. Al principio trataba de persuadirlo suavemente y, cuando eso fracasaba, mis tácticas se volvían más enérgicas. Me vi obligada a guiarlo en la dirección de ese hombre perfecto. Pero John no cooperaba con el proceso. En realidad, se resistía. Tenía sus propias visiones, unas que implicaban mi transformación. Fue entonces cuando la lucha comenzó en serio.

Yo intentaba cambiar a John y él trataba de cambiarme a mí. Nuestro matrimonio dichoso se convirtió en un campo de batalla entre dos personas de voluntad muy fuerte. Las chispas saltaban cuando el hierro intentaba afilar al hierro. Nuestras batallas también dejaron al descubierto algo más en mí. John y yo teníamos estilos de lucha muy diferentes. Él atacaba los problemas y yo a las personas. Este hombre maravilloso que me había llevado al Señor ahora era mi problema, y yo no luchaba con mucha justicia. Si él me hacía daño, yo lo castigaba. Lo insultaba, le negaba el perdón y el afecto, y rompía cosas. (¿Recuerdas el plato que atravesó la ventana?) Quería hacerle daño porque él me lo había hecho a mí. Lo que él hizo no es la cuestión aquí.

Cuando John me hacía algún daño yo, a la vez, lo juzgaba y me distanciaba emocionalmente de él en un esfuerzo inútil por protegerme de futuras agresiones.

Por ejemplo, si hacía algo especialmente molesto, lo llamaba idiota o algún otro nombre menos cariñoso. En mi mente, si lo calificaba de imbécil, entonces no tenía que tratar con él en ese ámbito. Mis insultos servían para descalificarlo o menospreciar su opinión. Si retenía mi afecto o mi perdón, era porque lo había juzgado como indigno de mi amor, atención o perdón en ese momento. Lo trágico es que si se acumulan suficientes incidentes de ese tipo, ya no se trata de rechazar áreas aisladas, sino a la persona como individuo. Juzgaremos a los demás para intentar justificar nuestra falta de perdón o nuestra rabia con ellos.

> JUZGAREMOS A LOS DEMÁS PARA INTENTAR JUSTIFICAR NUESTRA FALTA DE PERDÓN O NUESTRA RABIA CON ELLOS.

Juzga las acciones, no el corazón

Oísteis que fue dicho a los antiguos: No matarás; y cualquiera que matare será culpable de juicio. Pero yo os digo que cualquiera que se enoje contra su hermano, será culpable de juicio; y cualquiera que diga: Necio, a su hermano, será culpable ante el concilio; y cualquiera que le diga: Fatuo, quedará expuesto al infierno de fuego.

Mateo 5:21-22 RVR1960

Jesús volvió a trazar el paralelismo entre el asesinato y el odio. Nos estaba mostrando que bajo la ley de Moisés y el sistema terrenal de justicia, los asesinos se arriesgan a ser juzgados; pero ahora presentó la perspectiva del reino de Dios. Los que se enojan sin causa también se arriesgan a enfrentar el juicio. Recuerda que tenemos permiso para enojarnos cuando haya una causa, pero nunca para hacer daño a otros ni para destruirlos. Luego Jesús siguió avanzando, dando un ejemplo práctico: Si alguien llamaba a un hermano "¡Raca!" era sometido al concilio bajo la ley judía; pero bajo la ley del reino, llamar a alguien "¡Tonto!" lo acerca a las llamas del infierno.

Para comprender el significado de eso debemos entender estas palabras. El comentario de Matthew Henry lo explica de esta manera: *Raca* "es una palabra desdeñosa". Significa "tú, tipo vacío"; habla de alguien insensato. *Raca también* podía utilizarse en términos suaves para hacer entrar en razón a alguien. Era una valoración de su comportamiento como irreflexivo. Así la utilizaban Jesús, Santiago y Pablo. Pero si procedía de un corazón con ira, malicia o calumnioso entonces era una afrenta al individuo. Este tipo de comentario ponía a los israelitas bajo la disciplina del Sanedrín por injuriar a un compatriota.

El término "necio", por otra parte, no se refería a alguien sin sentido, sino a alguien que no tenía gracia. Era una expresión despectiva y provenía del odio. Una palabra que etiquetaba a los demás no solo de mezquinos y de no ser honrados, sino que también los calificaba de viles y de no ser amados. Eso atacaba la propia condición espiritual del individuo censurándolo y condenándolo como abandonado por Dios.

Desde esa perspectiva es fácil comprender por qué el individuo que llama necio a su hermano estaría en peligro de sufrir el juicio de Dios, ya que se erige en juez de las motivaciones de alguien y no meramente de sus acciones. Una cosa es calificar de tontas las acciones de un individuo y otra muy distinta es tacharlo de rechazado por Dios e irredimible.

Clama por justicia

Por tanto, ¿por qué es tan fácil juzgar y tan difícil no hacerlo? En primer lugar, como humanos hechos a imagen de Dios tenemos el deseo innato de que prevalezca el bien. La parte redimida de nosotros clama porque se haga justicia. Dios, nuestro Padre, comprendió esto, y fue él quien inició y estableció el modelo a seguir para nuestro actual sistema judicial: "Nombrarás jueces y oficiales que juzguen con justicia al pueblo en cada una de las ciudades que el Señor tu Dios entregará a tus tribus" (Deuteronomio 16:18).

Dios sabía que siempre que hay más de una persona en un lugar existe la posibilidad de que surja un conflicto. También sabía que ambas partes se atrincherarían y creerían que eran ellos los que tenían la razón. Por lo tanto, hizo la provisión necesaria para ello. Los hijos de Israel acababan de salir de la esclavitud egipcia, donde lo más probable es que hubieran visto cómo se resolvían los conflictos mediante la violencia o la intimidación. Todavía no habían visto un modelo sano de resolución de conflictos. ¿No es esa la condición en que nos encontramos la mayoría de nosotros?

Habían crecido en Egipto bajo sus reglas y sus estatutos, y ahora intentaban vivir bajo la nube protectora y la presencia de Dios. Pero nuestro Dios es santo y justo, amoroso y temeroso. No se parece en nada a las imágenes de piedra ni a los ídolos que imaginaron como dioses antes de encontrar al verdadero y vivo Dios. Así como él, debemos servir en espíritu y verdad.

De modo que Dios le dijo a Moisés a través de su suegro, Jetro, lo siguiente: "Elige tú mismo entre el pueblo hombres capaces y temerosos de Dios, que amen la verdad y aborrezcan las ganancias mal habidas, y nómbralos como oficiales sobre mil, cien, cincuenta y diez personas" (Éxodo 18:21). Para ser capaces, estos hombres debían primero temer a Dios y demostrar que eran dignos de confianza y que no les interesaba obtener ningún beneficio personal de su cargo. Luego debían ser nombrados sobre las diferentes divisiones del pueblo.

> *Cada vez que el* SEÑOR *levantaba entre ellos un líder, el Señor estaba con él.* Mientras ese líder vivía, los libraba del poder de sus enemigos, porque el Señor se compadecía de ellos al oírlos gemir por causa de quienes los oprimían y afligían.
> —Jueces 2:18, énfasis añadido

El Señor Dios honraba esas designaciones poniendo su mano sobre la vida del juez. Siempre que Dios levantaba a un juez, estaba con él con su sabiduría y su protección. Bajo el antiguo pacto, Dios proveía su sabiduría y su voluntad a través de la estructura de esos jueces. Creo que él puso una medida de su Espíritu en esos jueces, de manera que podían comprender la ley y los estatutos, y tener la perspicacia necesaria para juzgar correctamente al pueblo de Dios. Pero esos jueces nombrados por Dios seguían juzgando solo las acciones del pueblo, por lo que eran fieles ejecutores de la voluntad de Dios, no de la de ellos. Eran un modelo y una predicción de la nueva forma de vida a la que Cristo nos introdujo.

DIOS SABÍA QUE SIEMPRE QUE HAY MÁS DE UNA PERSONA EN UN LUGAR EXISTE LA POSIBILIDAD DE QUE SURJA UN CONFLICTO.

Bajo el nuevo pacto ya no tenemos que seguir las órdenes establecidas por los jueces, sino que se nos proporciona un nuevo Mediador.

> Y yo pediré al Padre y él les dará otro Consolador para que los acompañe siempre: el Espíritu de verdad, a quien el mundo no puede aceptar porque no lo ve ni lo conoce.

Pero ustedes sí lo conocen, porque vive con ustedes y estará en ustedes.

—Juan 14:16-17

La batalla por no juzgar

No juzgar sigue siendo una batalla constante para nosotros. Nos gustan las cosas en cajas ordenadas. Si sabemos lo que cabe en cada compartimento, nos sentimos más cómodos, algo parecido a los fariseos. Recuerdo una situación, que ocurrió cuando llevaba poco tiempo como cristiana, que atormentaba mis pensamientos. No podía dividir eso en compartimentos ordenados.

Había una pareja cristiana que viajaba y ministraba junta. Ambos testificaban de cómo Dios los había unido en matrimonio. Tuve la oportunidad de pasar tiempo con ambos y sentí que los dos amaban genuinamente a Dios y a su pueblo. De repente surgieron

> **NO JUZGAR SIGUE SIENDO UNA BATALLA CONSTANTE PARA NOSOTROS.**

todo tipo de rumores desagradables y, antes de que pudiera darme cuenta, los dos estaban inmersos en un divorcio. No había habido adulterio; simplemente parecía que no eran compatibles, después de todo. Esto realmente me desconcertó. Estaba luchando con problemas en mi matrimonio y confiaba en que Dios los resolvería porque estaba segura de que él nos había unido a John y a mí. Sin embargo, esa pareja, que también había dicho que Dios los había unido, había deshecho su matrimonio y la esposa se casó rápidamente con otro.

Eso estremeció mi confianza en que Dios podía hacer algo en mi matrimonio. Me sentí obligada a encontrar algún tipo de fallo en esa pareja. Si podía descalificarlos, podría meterlos en una caja. Después de todo, podía encontrar Escrituras para justificar mi postura: la Biblia dice que si alguien se divorcia por motivos distintos a la infidelidad, se convierte en adúltero. Sin embargo, no me sentía cómoda etiquetando a esa pareja como adúlteros. Los quería y deseaba comprender la situación, pero no podía dar sentido a todo aquello.

Sin dar conocer ningún nombre, derramé la agitación de mi corazón ante un ministro sabio y piadoso. Me preparé para una larga y profunda explicación bíblica. Pero en vez de eso, el ministro se limitó a suspirar y decir: "Ese es un caso difícil. Me alegro de no tener que juzgarlo".

De inmediato sentí que el peso de la situación se me quitaba de encima. Sus sencillas palabras me habían liberado de mi carga. Él tenía razón. Yo había permitido que Satanás agitara mi corazón para juzgar a los demás y luego dudé de la fidelidad de Dios para conmigo. Estaba midiendo mi matrimonio por el de ellos y limitando a Dios a lo que podía hacer en el mío. En este caso no estaba juzgando por ira sino por miedo.

Hace algunos años, John y yo llevamos a un grupo de jóvenes a Trinidad para unir fuerzas con una iglesia de allí y dar testimonio en las calles así como también de casa en casa. Fue inmediatamente después de los escándalos de Jimmy Swaggart y Jim Bakker, y nos encontramos con preguntas sobre la integridad de estos hombres dondequiera que íbamos. Al principio, eso nos desconcertó. Luego tuve la revelación: *¡Un momento! Ni Jimmy Swaggart ni Jim Bakker tienen nada que ver con lo que estamos predicando.* Pude responder con valentía: "Esos hombres no murieron por sus pecados. Jesús sí. Ellos no tienen nada que ver con lo que estamos diciendo... dejen de poner excusas".

A menudo juzgamos a los demás para reducir la presión de nosotros mismos. Cuando me peleé con John fui muy dura con él. Pero, ¿sabes con quién fui más dura? Conmigo misma. Ataqué a John para justificar y desviar la detección de mis propios defectos. Si podía establecer que él era imperfecto, no tenía que sentirme tan mal por no ser perfecta. El único problema es que siempre que uno juzga, se coloca a sí mismo bajo juicio.

¿Piensas entonces que vas a escapar del juicio de Dios, tú que juzgas a otros y sin embargo haces lo mismo que ellos? ¿No ves que desprecias las riquezas de la bondad de Dios, de su tolerancia y de su paciencia, al no reconocer que su bondad quiere llevarte al arrepentimiento?

—Romanos 2:3-4

Como simples mortales que somos, acusamos a los demás y hacemos lo mismo que ellos. Acabamos trayendo sobre nosotros lo mismo que intentamos evitar. Juzgamos para protegernos de las injurias o las críticas, pero todos y cada uno de nosotros somos culpables. Dios nos dice que al juzgar a los demás estamos, en efecto, mostrando desprecio por la misericordia y la bondad de él. Luego nos recuerda que fue su bondad la que nos llevó al arrepentimiento.

Aunque vivamos en una cultura que ha establecido jueces, debemos prestar atención a la exhortación de Pablo a los cristianos para que se comporten de forma diferente.

ACABAMOS TRAYENDO SOBRE NOSOTROS LO MISMO QUE INTENTAMOS EVITAR.

Digo esto para que les dé vergüenza. ¿Acaso no hay entre ustedes nadie lo bastante sabio como para juzgar un pleito entre creyentes? Al contrario, un hermano demanda a otro, ¡y esto ante los incrédulos! En realidad, ya es una grave falla el solo hecho de que haya pleitos entre ustedes. ¿No sería mejor soportar la injusticia? ¿No sería mejor dejar que los defrauden?

—1 Corintios 6:5-7

Fíjate, todavía se nos permite juzgar las disputas, pero Pablo animó al cuerpo de creyentes a elegir árbitros sabios de entre ellos para que su caso no llegara ante un tribunal pagano de no creyentes. Pero su mayor preocupación era que hubiera siquiera un pleito entre ellos. Prefería que fueran agraviados por otro hermano antes que llegar a tales extremos para hacer valer sus derechos.

Insisto, es como mis peleas con mi marido. Para mí está bien sacar a relucir los problemas siempre que ataque el problema y no a la persona. Al principio esto requiere mucha práctica. Tenemos que aprender a controlarnos. En mi experiencia personal he descubierto que a menudo soy más rápida defendiéndome que en detenerme a reflexionar. Por lo tanto, no siempre soy la jueza más fiable de mi propio comportamiento. Necesito la intercesión de Alguien mucho más sabio e imparcial ante la situación.

El problema con el orgullo

El orgullo solo genera contiendas, pero la sabiduría está con quienes oyen consejos.

—Proverbios 13:10

Mi orgullo me impedía, a menudo, dar marcha atrás aunque supiera que estaba equivocada. Si el orgullo es el caldo de cultivo de las rencillas, la humildad es el vientre de la reconciliación. Siempre que me he humillado, he sido testigo de la curación y el perdón cuando parecían imposibles. Hay muchas maneras de ser humilde, pero juzgar a los demás no es una de ellas. Cuando juzgamos a los demás no nos estamos humillando sino exaltándonos como superiores en posición, perspicacia e inteligencia.

SI EL ORGULLO ES EL CALDO DE CULTIVO DE LAS RENCILLAS, LA HUMILDAD ES EL VIENTRE DE LA RECONCILIACIÓN.

El mayor testimonio de todos es que caminemos en el amor y el perdón, sin ejercer nuestros derechos unos sobre otros. Esto solo ocurre cuando le permitimos al Espíritu Santo intervenir en nuestro favor y nos arrepentimos de la tendencia a erigirnos en jueces.

En el próximo capítulo vamos a abordar una cuestión que es importante resolver. Es tentador creer que podemos juzgar. Es mi oración que cada área de juicio sea eliminada de tu vida.

Tú, entonces, ¿por qué juzgas a tu hermano? O tú, ¿por qué lo menosprecias? ¡Todos tendremos que comparecer ante el tribunal de Dios! (Romanos 14:10).

Querido Padre celestial:

Vengo ante ti en el nombre de Jesús. Me arrepiento de haber cedido a la presión y a la trampa de juzgar a los demás. Perdóname y lávame. Elimina cualquier área de mi vida en la que eso me haya puesto bajo tu juicio o el juicio del hombre. Me humillo y me arrepiento del orgullo y la necedad. Solo tu misericordia triunfa sobre el juicio, por lo que ahora pido humildemente que tu misericordia cubra mis errores y descubra mis ojos. Quiero la verdad, no la sospecha. Quiero el santo temor del Señor, no el temor del hombre. Haz brillar la luz de tu verdad en cualquier área oscura de mi vida.

8 ¿ESTÁ DIOS ENFADADO CON LAS MUJERES?

Esto parece ser una pregunta extraña en un libro que trata sobre el tema de la ira personal *en* las mujeres. Pero creo que siempre es difícil desprendernos de nuestra ira cuando sentimos que somos el blanco o sujeto del enojo de otra persona.

Antes de ser salva siempre me imaginaba a Dios arriba en las nubes con una tarjeta de recuento que contenía un registro de todas mis locuras y pecados. Cada transgresión tenía su correspondiente marca X. Se veía disgustado y absolutamente preparado para arrojarme al infierno. Sentía como si no me quedaran opciones factibles de reconciliación. Pequé repetidas veces y no había forma de borrar mis oscuros actos.

Imagina mi conmoción cuando John me contó que Dios le dijo que me invitara a salir. La idea de que Dios pudiera estar pensando siquiera

> **SIEMPRE ES DIFÍCIL DESPRENDERNOS DE NUESTRA IRA CUANDO SENTIMOS QUE SOMOS EL BLANCO O SUJETO DEL ENOJO DE OTRA PERSONA.**

remotamente en mí, aparte de los planes para mi inevitable juicio, fue una sorpresa, por no decir otra cosa. Luego, oír que él me amaba... fue demasiado para que yo lo comprendiera. En respuesta a tan hermosa misericordia, me arrojé a su cuidado. Nunca pensé que mi femineidad era un problema.

Luego fui a iglesias, conferencias y reuniones variadas en las que oí cosas que enturbiaban la cuestión de su amor por mí. De alguna manera, tenía la impresión de que me había deslizado hacia la redención como una ciudadana de segunda clase del reino. Ahora bien, no creo que nadie dijera eso directamente, pero no obstante era una corriente subyacente: Las mujeres no eran de fiar y apenas eran redimibles.

¿Una mujer piadosa?

Mi primer encuentro confuso ocurrió cuando aún estaba en la universidad. Viajé de Arizona a Houston para asistir a un seminario de Acción de Gracias. Llevaba solo cuatro meses de convertida y estaba muy emocionada y ansiosa por unirme a los de esa fe preciosa, para escuchar las verdades liberadoras de la Palabra de Dios. Había sido una lucha solitaria para mí. Deseaba desesperadamente agradar a mi Padre celestial, así que abrí mi corazón y saqué mi bolígrafo, mi papel y mi nueva Biblia con mi nombre grabado en el frente. Pero no estaba preparada para lo que estaba a punto de oír. Después de un tiempo de adoración durante el cual lloré, el pastor se levantó y empezó en oración, luego animó a todos los asistentes a sentarse. Llamó a su esposa para que subiera a la plataforma. Me incliné hacia adelante para ver más de cerca a aquella mujer. Necesitaba un modelo a seguir; tal vez podría aprovechar algo, incluso desde esa distancia.

Observé cómo una mujer gentil y encantadora ascendía a una plataforma rodeada por miles de personas. De pie junto a su esposo, este comenzó una serie de chistes y comentarios hirientes, todos dirigidos a ella, que contestó algunas, también en broma.

La congregación se reía, pero yo me sentía un poco mal. Sus comentarios parecían ahondar un poco más que los de ella. Era como si ella conociera sus límites y él no tuviera ninguno. Pronto descubriría por qué.

"¿Saben dónde estaríamos los hombres sin las mujeres?", preguntó él genialmente, dirigiéndose a la congregación. Empecé a pensar seriamente en una respuesta. Imaginé que ahora iba a decir algo agradable después de todos los menosprecios a su inteligencia y valía.

"Seguirían en el jardín". Toda la audiencia estalló en carcajadas. Observé todo el público. Tanto hombres como mujeres se reían. ¿Era yo la única incómoda y confusa por el comentario? ¿Había salido de un mundo de vergüenza para que se burlaran de mí en otro? Miré al matrimonio que estaba sentado con John y conmigo. Se estaban riendo. Vi a John. Él podía notar que yo estaba confusa y perturbada. Mi cara se sonrojó y sentí que las lágrimas intentaban escapar de mis ojos. Me volteé hacia John y le dije: "Voy al baño". Salí sintiendo que atraía la atención de todos, como si llevara el estandarte de marginada y rebelde colgado sobre los hombros.

POR DENTRO ESTABA GRITANDO Y ÉL ME ESTABA HABLANDO CON SUAVIDAD.

En el baño para damas, cuando volví a mirar a mi alrededor, parecía que yo era la única molesta por el comentario. Probablemente era algo que necesitaba superar. Volví al servicio y tomé notas con seriedad, pero faltaba algo. Sus palabras seguían siendo solo letras en mi libreta de notas. Mi confianza había sido violada y tenía miedo de permitir que su mensaje entrara en mi corazón.

En el coche, de camino a casa, le pregunté a una amiga mía si el pastor y su mujer siempre se trataban así. Ella me dijo que sí y me aseguró que solo bromeaban. John y yo estábamos recién comprometidos y yo —en particular— tenía mis dudas sobre las parejas cristianas. Quería algo más que eso.

Al día siguiente, en vez de unirme a John en el servicio, me excusé y me ofrecí como voluntaria en la guardería. Me sentía más cómoda creyendo que Dios me amaba mientras consolaba y acunaba a los bebés que lloraban. Los sostenía en mis brazos y los veía responder a mi voz suave ante sus llantos desgarradores, imaginé que así se sentía Dios conmigo. Por dentro yo gritaba y él me hablaba con dulzura. Yo era su hija; él era mi Padre. Las lágrimas volvieron a brotar de mis ojos mientras mecía al bebé dormido. Había muchas cosas que no comprendía, pero su amor era seguro.

¿Un matrimonio piadoso?

Luego, cuando John y yo llevábamos unos meses casados, una pareja adinerada de la iglesia nos invitó a cenar a su casa. En aquel momento me pareció insólito, pero parecía que querían orientarnos a John y a mí en los caminos del matrimonio. Nos sentamos juntos en el salón antes de cenar. Cada vez que hacía una pregunta o interponía un comentario, me ignoraban por completo. Yo decía o preguntaba algo, y el esposo decía: "Bueno, John, ¿qué opinas de...?" y cambiaba totalmente de tema. Al principio pensé que no oía bien o que no había puesto atención. Luego me di cuenta de que eso era intencionado. John incluso intentó incluirme en la conversación, pero nuestro anfitrión no quiso. Al cabo de un rato, su esposa se deslizó silenciosamente desde su posición a sus pies y se dirigió a la cocina. Confundida, la seguí.

"¿Hay algo en lo que pueda ayudar?" me ofrecí, porque me sentía totalmente ignorada a propósito.

"No, ya me he ocupado de todo", respondió tierna pero firmemente. Era obvio yo había hecho o dicho algo que ella no aprobaba. Me sentí cada vez más incómoda y empecé a pensar que la mejor opción quizá sería estar callada en el salón antes que ser una inútil en la cocina. Me aventuré a acercarme a la salida de su bien equipada cocina.

"¡Quédate aquí!", me ladró.

Di la vuelta ligeramente sorprendida. ¿Cuál era el problema? ¿No podía ayudar en la cocina *ni* hablar en el salón? Observé cómo esa mujer, ataviada con joyas y ropa de diseño, adobaba su pollo a la *coq au vin*. Tendría unos cuarenta o cincuenta años; yo tenía veintidós. En un tono irritado y comedido empezó a decirme las cosas como eran.

"No debes hablar con los hombres a menos que te hablen. Tu lugar está en la cocina conmigo".

Me quedé ligeramente sorprendida. ¿La estaba oyendo bien? Debí parecer estupefacta, así que me preguntó en alta voz: "¿Quieres un buen matrimonio o no?".

Eso solo sirvió para confundirme aún más. Solo llevaba casada dos o tres meses. No era ninguna experta, pero a esas alturas apenas teníamos un matrimonio y mucho menos uno malo. Yo sí quería ser una buena esposa. "Sí, quiero un buen matrimonio", balbuceé tontamente.

Volvió a meter el pollo en el horno y me ordenó que me sentara. Luché contra la tentación de preguntar cuánto faltaba para que el pollo estuviera listo y obedientemente me senté. Aquella noche me contó muchas cosas, cosas que supuestamente Dios le había enseñado. Algunas eran tan tontas, sexuales y desagradables que ni siquiera me molestaré en repetirlas en estas páginas. Pero he aquí una muestra: Me dijeron que me sentara siempre más abajo que mi marido. Si él estaba en una silla, yo debía sentarme en el suelo. (No estaba segura de cómo iba a suceder eso en la mesa del comedor, ya que todas las sillas parecían tener la misma altura). Me di cuenta de que ya había infringido esa norma al atreverme a sentarme junto a mi esposo en el sofá cuando llegamos. Así que ¡por eso nadie me contestaba! Continuó con más sabiduría. Si alguna vez se me ocurría replicar a mi marido, debía buscar inmediatamente un retrete y caer de rodillas ante él. Esto debía servir para recordarme cuál era mi posición en la vida y detener cualquiera de mis tontos arrebatos antes incluso de que empezaran.

Solo me había arrodillado ante un retrete cuando había tenido náuseas y temía una recaída justo en ese momento.

El sexo se reducía a un deber que no incluía necesariamente mi placer. Me volví un poco radical y me atreví a desafiar sus consejos en este terreno.

—¿Por qué iba Dios a hacer que ambos sexos fueran capaces de disfrutar del sexo si solo quería que lo hicieran los machos?

—¡Usted debe hacerlo siempre que su marido lo desee, lo disfrute o no! —replicó ella.

—¿Después de un tiempo no se resentiría? —le pregunté.

—Luego vuelves al baño —explicó.

Vaya, ya podía ver que con su régimen pasaría mucho tiempo delante del retrete. Decidí que era mejor no discutir más. ¡Esa mujer iba en serio!

Por dicha, la cena estaba lista, y John y yo nos sentamos incómodamente donde nos colocaron. Guardé un severo silencio durante la cena, tratando de evitar cualquier otra violación. John también parecía un poco incómodo. Empezaba a temer lo que le había preguntado o enseñado mientras a mí me estaban interrogando en la cocina. Nos excusamos rápidamente después de la comida y corrimos bajo una lluvia torrencial hasta nuestro frío automóvil. Había una asombrosa pesadez sobre los dos.

—John, eso fue muy raro. ¿Te diste cuenta de que no me dejaba hablar y de lo grosero que fue?

John parecía sumido en sus pensamientos.

—Sí, fue algo extraño, pero quizá solo quería hablar de hombre a hombre conmigo.

—Bueno, hay formas de hacerlo sin ser grosero —repliqué.

—¿Qué te preguntó cuando estabas a solas con él? —indagué.

—Muchas cosas —respondió John.

—¿Te hizo alguna pregunta sobre mí personalmente… quiero decir sexualmente? —pregunté, medio asustada y medio avergonzada.

—Sí, fue extraño —respondió John.

—Creo que son raros. ¡Cómo se atreven a separarnos y preguntarnos sobre nuestra vida personal! —declaré.

—Son una pareja prominente y adinerada de la iglesia. Solo intentan ser amables.

¿Los estaba defendiendo John, realmente, o estaba tan confundido como yo?

Me fui a dormir invadida por el pavor. ¿Y si todo eso del matrimonio había sido un truco para ponerme en una especie de esclavitud asombrosa? ¿Vivían otras mujeres cristianas según esas reglas? Tal vez era como la fraternidad de mi universidad, y este era el momento de la iniciación, cuando todos los rituales y significados secretos salían a la luz. John parecía un poco distante. Tal vez había arreglado eso de que la esposa hablara conmigo. Después de todo, era un gran arreglo para los varones. Mi cerebro excesivamente activo se puso en marcha y por la mañana ya era una esclava.

Cuando me desperté, John ya se había ido a trabajar. Me apresuré y me preparé para ir a trabajar a mi puesto en el departamento de contabilidad de la iglesia. Me sentía tan pesada y desesperanzada que empecé a llorar en el trayecto y no podía parar. Lloré toda la mañana en mi escritorio. Si alguien me preguntaba qué me pasaba, me limitaba a negar con la cabeza. Finalmente mi jefa me llamó.

"Lisa, has estado llorando toda la mañana. ¿Qué es lo que te pasa?".

Antes de que pudiera contenerme, le conté todos los detalles excepto los nombres de la pareja que nos había invitado a cenar. Me escuchó incrédula, pero yo no estaba segura de si era suspicacia por mi reacción o por lo que le estaba contando.

"Quédate aquí e intenta recomponerte", dijo y se excusó. Regresó unos minutos después con la esposa del pastor. Ahora estaba aterrorizada, aunque no necesitaba estarlo.

"¿Quién te ha dicho todas esas tonterías?", preguntó.

Dudé, al recordar la posición de la pareja en la iglesia. Yo no era más que una pobre y nueva miembro, y ellos eran personas que tenían dinero hasta para botar.

"¡Quiero saber quién hizo esto!", exigió. Se lo dije y se puso furiosa. Me explicó que ellos eran unos cristianos principiantes y no estaban en posición de enseñar a nadie. Me dijo que solo llevaban casados uno o dos años, que ella era la tercera esposa de él y que él era el segundo marido de ella. "¡Solo porque tengan dinero no los convierte en expertos en las cosas de Dios!". Supongo que el plan del retrete no funcionó porque al cabo de dos años se divorciaron.

He dado dos ejemplos de abusos a mujeres con el presunto respaldo de Dios. Uno es leve, el otro grave. Por desgracia, ambos son demasiado comunes. ¿Por qué se ríen las mujeres cuando los mismos líderes que ellas creen que deben capacitarlas, protegerlas y orientarlas hacen comentarios tajantes contra ellas? ¿Acaso es porque ellos temen no cumplir con eso? No, me temo que es algo aún más profundo. Ellos creen que ese comportamiento, en algún nivel es válido y que, por lo tanto, ellas se merecen el abuso.

> MI OPINIÓN NO CUENTA; LA PALABRA DE DIOS ES LA AUTORIDAD DEFINITIVA.

Si he aprendido algo, es esto: Mi opinión no cuenta; la Palabra de Dios es la autoridad definitiva. ¿Está Dios enfadado con las mujeres? ¿Acaso el Creador del universo guarda alguna ofensa no resuelta hacia las mujeres? Busquemos la respuesta en su Palabra.

Un esposo cariñoso

"Porque el que te hizo es tu esposo; su nombre es el Señor de los Ejércitos. Tu Redentor es el Santo de Israel; ¡Dios de toda la tierra es su nombre! El Señor te llamará como a esposa abandonada; como a mujer angustiada de espíritu, como a esposa que se casó joven tan solo para ser rechazada", dice tu Dios. "Te abandoné por un instante, pero con profunda compasión volveré a recogerte. Por un momento, en un arrebato de enojo, escondí mi rostro de ti; pero con amor eterno te tendré compasión", dice el Señor, tu Redentor. "Para mí es como en los días de Noé, cuando juré que las aguas del diluvio no volverían a cubrir la tierra. Así he jurado no enojarme más contigo ni volver a reprenderte. Aunque cambien de lugar las montañas y se tambaleen las colinas, no cambiará mi fiel amor por ti ni vacilará mi pacto de paz", dice el Señor, que de ti se compadece.

—Isaías 54:5-10

Nuestro maravilloso Padre compara la redención nuestra con el amor de un marido por su esposa. Podría haber dicho: "Tu Hacedor es tu Padre", pero no lo hizo. Se posiciona a sí mismo como un esposo amoroso que restaura a una esposa problemática. Luego compara la seguridad de su promesa con la que le hizo a Noé: "Aunque cambien de lugar las montañas y se tambaleen las colinas, no cambiará mi fiel amor por ti ni vacilará mi pacto de paz". No importa lo intensos que sean los temblores en tu vida, el amor de Dios por ti nunca vacilará. Deja que esta cuestión quede zanjada de una vez y para siempre en tu mente.

Esta Escritura no lleva consigo ninguna advertencia. Esta promesa es para todas. No excluye a las mujeres solteras, divorciadas, estériles o viudas. Esta promesa abarca también a todos los grupos etarios. Se expresa en términos afectuosos y tiernos que cualquier mujer entendería. Es la voz de Dios hablando a sus amadas y preciosas criaturas. Él les está hablando de paz a sus mujeres. Así que recibe la paz de Dios y deja que aquiete tu ira y tu miedo.

A las mujeres se nos concede una oportunidad única. Todo en nosotras ha sido creado para servir y cuidar. Pero cuando vivimos bajo el temor constante del desagrado de nuestro Padre celestial, nos cansamos de hacer el bien. Tememos que ningún esfuerzo sea lo suficientemente bueno, que ningún sacrificio sea lo adecuadamente grande. Recuerda que eso no se basa en lo que tú hagas, sino en lo que se hizo por ti. Ninguna de nosotras podría tener una vida lo suficientemente agradable como para satisfacer todos los requerimientos. Debemos ser mujeres según el corazón de Dios. Pero no lo seguiremos si tememos el rechazo de él y su ira. Esto crea una atmósfera plagada de frustración e, inevitablemente, de ira. Dios quiere liberar a sus hijas de esa pesada carga. Esta te pesará y te pondrá perpetuamente en vilo.

El simple hecho de que Jesús vuelva de nuevo a buscar a su Esposa refuerza el tierno amor de Dios por las mujeres. Si fuéramos menos que una contraparte y un complemento para el hombre, Dios no habría elegido la relación íntima entre el hombre y su esposa para ilustrar el gran misterio de Cristo y la Iglesia.

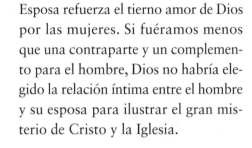

RECIBE LA PAZ DE DIOS Y DEJA QUE AQUIETE TU IRA Y TU MIEDO.

Padre celestial:

Acudo a ti en el precioso nombre de Jesús. Sé que he permitido que una mentira se haya filtrado y perturbara nuestra relación. Si tú lo has dicho, yo lo creo. Creo que tú eres y que eres verdadero, bueno y justo. Por favor, elimina cualquier rastro de la mentira de que estás —de alguna manera— enfadado conmigo porque soy mujer. Soy mujer por tu divino diseño y propósito. No es algo para estar resentida o avergonzada. Es algo para celebrar porque soy temerosa y maravillosamente hecha. Quita toda vergüenza, culpa y estereotipos de mi mente. Renueva en mí un espíritu recto e imprime en mi espíritu la clase de mujer que quieres que sea. Perdono a quienes me han difamado por prejuicios en su ignorancia; no sabían lo que hacían. Señor, restaura y reconcilia a hombres y mujeres para que podamos vivir de nuevo en el fructífero jardín de tu amor.

9 | NACIDA ENOJADA

Creo que nací enojada... ¿o debería decir apasionada y dispuesta? Mi madre me habló de una vez, cuando yo apenas tenía uno o dos años. Para evitar que me congelara, me sacó de la nieve antes de que estuviera lista para entrar. En señal de protesta, me senté, abrí las piernas y me golpeé repetidamente la cabeza contra el suelo. Temiendo posibles daños cerebrales, mi madre me llevó corriendo a la seguridad de mi cuna, donde continué mi arrebato tranquilamente.

Hubo otro momento más aterrador en el que tuve una rabieta de proporciones gigantescas. Me había metido en la cuna y, de alguna manera, me lancé desde lo más alto de ella. Llevaba más de veinte minutos gritando cuando mamá llamó a nuestro médico de cabecera. Este le recomendó que saliera al patio trasero por unos minutos. A él le pareció que la rabieta mía se debía a que yo quería algo de ella y que cesaría si se marchaba. Mi madre siguió su consejo y me dio la oportunidad de emberrincharme como quisiera. La esperanza era que luego me calmara y modelara un comportamiento constructivo para recuperar la atención que había perdido.

Sin embargo, fallé la prueba con creces. Al parecer, cuando me di cuenta de que estaba sola me enfurecí aún más. Reuní toda la fuerza y altura que mi cuerpo de dos años podía permitirse y procedí a derribar todo lo que estuviera a mi alcance en la casa. Derribé todas las sillas del comedor. No satisfecha con eso, también tumbé todos los asientos. Mi alboroto destructivo incluyó arrancar todos los cojines del sofá, tirar todos los ceniceros y volcar todas las cestas. Regué las revistas por el suelo y todo el orden a mi alcance se convirtió en desorden. No se trataba del acto fortuito de una pequeña niña ligeramente alterada. ¡Era más bien la fuerza metódica y destructiva de una terrorista preescolar!

Mi madre llegó después de unos momentos de soledad en el patio y me encontró agotada, sin fuerzas, pero aún furiosa. Temerosa de que posiblemente estuviera descansando y preparándome para otra ronda, ¡me azotó sonoramente y me puso a dormir!

¿Por qué estaba tan enfadada? Bueno, hablemos de mi herencia. Quizá pueda echar algo de culpa en ese terreno. Soy medio siciliana, además de apache, francesa e inglesa. Por supuesto, no pude evitar nacer apasionada y alterada. La sed de venganza de la mafia corre por mis venas, además de que ¡alguien robó mi tierra! Por lo que sé, ¡podría ser descendiente directa de Gerónimo! Así que mezcla eso con la sangre inglesa y francesa, y verás que ¡estoy viviendo con mis opresores!

Añade a esta ecuación el hecho de que perdí un ojo a causa de un cáncer a los cinco años. Cuando me dijeron que me lo iban a sacar y a ponerme uno nuevo y brillante, no ayudé mucho. Intenté escaparme del hospital antes de la operación. Tuvieron que sedarme, pero luché tanto que no consiguieron anestesiarme. Recuerdo que me hicieron contar hasta diez y lo hice dos veces. Entonces me pusieron una mascarilla aún más apretada y la oscuridad se apoderó de mí. Les suplicaba en sueños durante toda la operación, rogándoles que no me quitaran el ojo. Una enfermera salió de la operación llorando. Me llevaron en silla de ruedas a una sala de recuperación con paredes de cristal situada a un lado. Me desperté mucho antes de lo previsto, me senté y me arranqué el parche del ojo, vomité y empecé a gritar. Entonces volvieron a sedarme.

Usaron tanta anestesia conmigo que desarrollé una neumonía. Me desperté helada y con frío en una sección de oxígeno. Después de casi un mes en la sala del Hospital Infantil de Riley, volví a la guardería con un parche en el ojo. Se mofaron y se burlaron de mí incluso después de quitarme el parche y colocarme la prótesis en el ojo.

La ira como armadura

La ira se convirtió en mi armadura, se constituyó en una fortaleza para mi vida. Los pensamientos y las imágenes vengativas se convirtieron en mi consuelo. Soñaba con recibir algún día un trasplante de ojos y volver a ser completa y normal. Entonces nadie se atrevería a burlarse de mí.

No sucedió como yo había planeado, pero cuando me hice cristiana encontré la plenitud no volviendo a mi estado físico anterior, sino cambiando mi antigua forma de vida por la nueva. Durante un tiempo después de convertirme en cristiana, parecía que nada de mi antigua yo había sobrevivido a la transición. Estaba tan abrumadoramente consciente de la misericordia que había recibido que me apresuré a extenderla a los demás.

Pasó el tiempo y me casé, tuve una visión y un llamado, pero me encontré con un cónyuge poco cooperativo. Ya he contado cómo estuvieron, nuestros primeros cuatro años de matrimonio, llenos de peleas.

Entonces tuve mi primer hijo. Eso trajo consigo otra revelación. Descubrí que era mucho más fácil querer a mi bebé que a mi esposo de tres años. Cuando vi por primera vez a ese pequeño, golpeado y magullado por un parto con fórceps, mi corazón se hinchó de un amor abrumador y protector por nuestro dulce y tierno niño. Tuve una dificultosa recuperación del parto, que me mantuvo en cama por dos semanas. Me echaba en la cama con él a mi lado y me quedaba mirándolo. Le hablaba y creía que realmente me entendía. Me inventaba todo tipo de canciones tontas que declaraban mi amor por él. Un recuerdo me es especialmente grato. Yo estaba acostada de lado y también lo puse a él de lado, de modo que estábamos nariz con nariz. Me quedé mirando fijamente sus ojos serenos y, sin darme cuenta, me sumí en el sueño más tranquilo y maravilloso. No sé con certeza cuánto duró, pero cuando me desperté seguía mirándome con tanto amor que me abrumó. Era como si un pequeño querubín velara por mí. Lo besé apasionadamente por toda su tierna carita.

John no estaba muy embelesado con toda esa experiencia. Se sentía un poco excluido. ¿O posiblemente era otra cosa? Lo acusaba de estar celoso cuando hacía comentarios como: "¿No ha estado ese bebé mamando lo suficiente?".

ESTABA TAN ABRUMADORAMENTE CONSCIENTE DE LA MISERICORDIA QUE HABÍA RECIBIDO QUE ME APRESURÉ A EXTENDERLA A LOS DEMÁS.

¡Qué horror!, pensé. *¡Está celoso de su propio hijo!* Pero esa no era la verdad del todo. Como ves, me vio cantarle al bebé, cogerlo en mis brazos, besarlo, protegerlo y, entonces, adiviné sus pensamientos: Ah, ella *sí sabe ser amable. ¡Solo se niega a serlo conmigo!*

Y tenía razón. Trataba a Addison en una forma muy diferente a como trataba a John. Después de todo, razoné, él era un adulto y podía valerse por sí mismo. Este niño era mío para amarlo y protegerlo todos los días de su vida. Los dos primeros años de Addison nos trajeron muchos cambios y transiciones. Nos mudamos de Texas a Florida, donde John había aceptado un puesto como pastor de jóvenes en una iglesia. Y Dios había comenzado una obra tremenda en nuestro matrimonio.

Todos esos cambios crearon en mi vida una profunda hambre de Dios. Deseaba oír claramente su voz y quería aprender sus caminos. Parte de eso se debía a la posición en la que me encontraba ahora. Como esposa de pastor quería ser un ejemplo piadoso. Pero no puedo decir que mis motivaciones fueran completamente puras. Dios había sanado mi matrimonio y yo estaba sentada en la primera fila de la iglesia. Razoné que Dios debía estar muy complacido conmigo o yo no estaría disfrutando de esta posición. Me equivoqué.

A pesar de mi motivación interesada y farisaica, Dios me concedió los deseos de mi corazón, pero mediante un proceso muy diferente. Clamé a él y le pedí que limpiara mi corazón y que me llevara más profundamente a su santa presencia. Pensé que un sueño o una visión sería suficiente. Tal vez incluso algo de lo que algún día daría testimonio y que también podría servir para afirmar mi piedad, pero no hubo suerte.

Dios conoce el procedimiento prescrito y el propósito a emplear en el proceso de refinado de cada creyente. Me temo que en mi caso eso significó un horno encendido a fuego alto puesto durante más de un año. Cuando se refina el oro o la plata se pone al fuego a altas temperaturas hasta que se derrite. Entonces la escoria y las impurezas emergen a la superficie y se hacen evidentes para todos los que presencian el proceso. En ese momento, el metalúrgico retira la escoria y deja que el metal se enfríe de nuevo. Este proceso se repite hasta que el metal precioso queda libre de contaminantes y aleaciones que lo debiliten.

El fuego refinador

¡Mira! Te he refinado, pero no como a la plata; te he probado en el horno de la aflicción.

—Isaías 48:10

Dios no refina a sus hijos en un horno de fuego literalmente. Usa un horno de otro tipo que lleva a cabo este proceso de refinación. Es el horno de la aflicción. Creo que es importante en este punto definir aflicción. Significa "dificultad, problema, adversidad, angustia y prueba", entre otras cosas. Me gusta especialmente la palabra aflicción. Me imagino que tiene su origen en la descripción de una travesía difícil en un barco en alta mar. Es una embarcación de la que no puedes escapar, en la que te transportan de un puerto a otro. Te agrada a dónde vas, ¡pero no te gusta el proceso!

Del mismo modo, el horno es un lugar sin escapatoria. No tiene una empuñadura interior que te ayude a salir de él. Por lo tanto, más vale que te refine lo antes posible porque no abandonarás el proceso hasta que hayas alcanzado el estado de pureza deseado. Creo, de todo corazón, que Dios está más preocupado por nuestra condición que por nuestra comodidad, por lo que permite que las cosas se vuelvan incómodas en nuestras vidas para exponer nuestra verdadera condición. Él preferiría tenernos temporalmente incómodos que eternamente atormentados.

Parecía que apenas había orado a Dios para que limpiara mi corazón, cuando me encontré en un horno ardiente de aflicción. Se trataba de un problema menor, en mi vida, que estaba a punto de convertirse en mayor. Era algo privado y personal. No era algo que hiciera en público o en la iglesia; era algo que guardaba para mis seres queridos en casa. Era un pequeño problema de ira.

Ahora bien, a decir verdad, en ese entonces no estaba muy convencida de que tenía un problema con la ira. Después de todo, cuando el mundo parecía ser perfecto, yo no me enojaba; por lo tanto, la gente imperfecta me sacaba de quicio. Además, esos arrebatos no eran cotidianos. Quizá una vez cada dos meses rompía algo o insultaba a mi marido. Era un asunto que no se me iba de las manos ni nada parecido. El momento del incidente de la ventana rota fue inmediatamente después de que oré... casi como en respuesta a esa oración. Pero, ¿cómo era posible que eso estuviera empeorando y pareciera que era resultado de una ferviente oración en busca de ser piadosa? Debe haber algo más agitando el asunto.

Mis arrebatos incontrolables aumentaron en frecuencia. Ahora eran una vez al mes. Por aquel entonces apareció información sobre el síndrome premenstrual. ¡Esa era mi respuesta! Cuando tuve mi primer hijo, algo extraño y aterrador ocurrió con mis hormonas. Qué alivio ¡tenía algo que usar a mi favor! Senté a mi esposo y le leí el artículo. Si conseguía informarlo, podría ser más sensible a los cambios que se producían en mi cuerpo. Incluso respaldé eso con la práctica —usual en muchas culturas— de aislar a las mujeres que menstruaban. Después de todo, ¡hasta la Biblia recomendaba que los hombres ni siquiera se sentaran en el sofá con ellas!

Entonces mis arrebatos parecieron pasar de una vez al mes a un par de veces mensuales. Y, además, la teoría del síndrome premenstrual funcionaba en mi contra. Si me encontraba en plena discusión apasionada por mis derechos, John me preguntaba inevitablemente: "¿Estás a punto de que empiece tu regla?". Esto negaba la validez de mi caso. Tuve que idear otra solución.

> **DIOS ESTÁ MÁS PREOCUPADO POR NUESTRA CONDICIÓN QUE POR NUESTRA COMODIDAD.**

Nuestro grupo de jóvenes estaba creciendo. ¡Bravo! Las brujas de la ciudad de Orlando estaban ayunando y orando contra nosotras. Yo estaba bajo ataque espiritual y se estaba librando una guerra en los cielos. Con todo eso en marcha, por supuesto, era comprensible que estuviera nerviosa.

Entonces oí hablar de los pecados generacionales. Bueno, con mi herencia, por supuesto que esto era culpa mía. Considerando todo eso, yo debería estar aún peor. Luego estaba mi crianza. Mis dos progenitores eran divorciaron dos veces cada uno y mi papá tenía problemas con la bebida. Los ataques de ira se acercaban cada vez más, no muy distintos, a los de una mujer en parto. Sin embargo, aun con todas mis excusas, ¡temía lo que pudiera hacer en uno de esos arranques!

Así que tuve a mi segundo hijo. Había rogado y orado por otro pequeño, y cuando llegó reflexioné: "*¡En qué estaba pensando yo!* Un hijo es muy fácil. Ellos son como un accesorio. Los vistes, los sacas a pasear para que todos los admiren en su cochecito, y se portan bien. Entonces me di cuenta de que todo era un truco para conseguir que tuviera más hijos. Estaba muy desanimada, me sentía atrapada en casa con un recién nacido y otro que apenas gateaba. No es que hubiera podido ir a algún lugar si hubiese tenido un auto. Es más, parecía incapaz de cepillarme los dientes antes del mediodía, ¡y la sola idea de ir a la tienda de comestibles con dos niños me ponía al borde del abismo! Tampoco parecía capaz de hacer nada en casa. Nunca había estado en una clase de embrollo como ese. Tenía más tiempo en casa del que había tenido nunca, ¡pero lograba menos en más tiempo del que había tenido en mi vida! Mi mente parecía estar nublada por una bruma posparto. Tal vez había padecido una importante fuga de neuronas durante mi reciente embarazo.

Cada noche, sin falta, mi esposo llegaba a casa sumido en el caos y me hacía la pregunta que había aprendido a temer más que cualquier otra: "¿Qué has hecho en todo el día?".

Frustrada, balbuceaba alguna débil defensa y aseguraba que ni siquiera había visto la televisión. Le contaría que el teléfono había estado sonando todo el día con llamadas pidiendo asesoramiento y le hablaría de una chica que llamó amenazando con suicidarse, y que me dieron ganas de suicidarme también. Debo haber sido un desastre aterrador parada allí con mi ropa de lactancia desabrochada, un bebé encima de mi cadera y una cuchara, en la mano, para darle palmadas. "Si me lo sostienes unos quince minutos, me daré una ducha", prometía desesperadamente.

Surgió un nuevo obstáculo entre lo que podría haberse considerado un día de éxito y yo. Mi primogénito, el mismo que había sido la viva imagen de la obediencia y la conformidad, ahora se me resistía a cada momento. Las siestas se habían convertido en un importante punto de discordia. Nada más llegar Austin, Addison decidió que las siestas ya no iban a ser una parte habitual de su horario cotidiano. Temía perderse algo si se atrevía a dormir una o dos horas.

Cada día libraba la misma batalla porque yo no estaba de acuerdo con su apreciación. Las siestas eran una parte buena y necesaria de su rutina diaria. Era el periodo de tiempo en el que mamá se duchaba, limpiaba la cocina y hacía lo que fuera necesario para no volver a reprobar la temida pregunta: "¿Qué has hecho en todo el día?".

Sin embargo, estaba perdiendo terreno rápidamente. No importaba lo cansado que estuviera o lo bien que le leyera alguna historia: se sentía obligado a levantarse de la cama. Entonces amamantaba a Austin y lo acostaba en la cuna de nuestra habitación para luego acompañar a Addison escaleras arriba. Todo estaría en su sitio; le daría un beso y le leería o le cantaría, para entonces intentar escaparme. La mayoría de las veces, apenas bajaba las escaleras, me daba la vuelta y lo encontraba pataleando detrás de mí, armado con una lista de razones por las que no necesitaba dormir la siesta. Al principio mantenía la calma y lo acompañaba de vuelta a su cama advirtiéndolo si cometía nuevas infracciones. Pero entonces sonaba el teléfono y él entraba en acción. Sabía que estaba atrapado abajo (eso era antes del teléfono inalámbrico, por supuesto) y se escabullía de su habitación al desván para jugar con sus juguetes.

Así que le echaba un vistazo en el desván desde la cocina y empezaba a dar pisotones, chasquear los dedos y agitar frenéticamente una cuchara con la que le pegaba para que la viera. Él me devolvía el gesto amablemente y continuaba con su proyecto. La persona que estaba al teléfono, la mayoría de las veces llamaba para pedir consejo, pero no tenía ni idea de cómo era esta escena en mi casa. Probablemente me imaginaban serena, sentada en medio de un estudio bíblico u orando, cuando —en realidad— parecía una madre desesperada, en ropa de casa, agitando una cuchara por encima de mi cabeza como si estuviera realizando algún tipo de ritual parental desconocido.

Cuando colgaba el teléfono, Addison volvía corriendo a la seguridad de su cama... por un instante. Normalmente se quedaba dormido en algún lugar entre lo alto de las escaleras y su cama, pero parecía que su sueño desencadenaba a su vez una respuesta que despertaba a mi otro bebé. Sus tiernos llantos hacían que me bajara la leche y sentía que había vuelto a perder.

Esa batalla continuó desde abril hasta julio. Hasta que, un día, exploté. Fue como si ya ni siquiera veía a mi hijo; lo que veía era un enemigo que me impedía terminar lo que estuviera haciendo. Una vez estaba bajando las escaleras y, en un abrir y cerrar de ojos, me encontré corriendo al encuentro de su caída. Lo cogí en mis brazos y subí furiosa aquellas escaleras. Entré en su habitación y me pregunté desesperadamente qué podía hacer para que no volviera a levantarse de la cama. Sin bajarlo de mis brazos lo llevé hasta su cama. Fue entonces cuando me llegó un pensamiento.

Levántalo a la altura de tus ojos, presiónalo contra la pared por encima de su cama y luego colócalo sobre ella. Así sabrá que no debe volver a levantarse. Lo extraño es que en ese momento el pensamiento cobró sentido. Lo levanté al nivel de mis ojos y, en ese momento, vislumbré la mirada de los suyos. Había algo en ella que nunca antes había visto. Él no le tenía miedo a lo que yo le hiciera... a lo que temía era ¡a mí! De modo que, cuando vi el terror en sus ojos, recordé los míos cuando era una niña.

Como he mencionado, fui una chica conflictiva que creció en condiciones difíciles. Mis padres no eran cristianos, aunque me criaron lo mejor que supieron. Pero ninguno de los dos había disfrutado de una educación cristiana, hasta que —al fin y al cabo— los llevé al límite. Ahora, al ver el miedo de mi hijo, recordé la promesa que me había hecho a mí misma cuando era pequeña. "Nunca trataré así a mis hijos". Eso me hizo volver en mí.

Así que bajé con sumo cuidado a Addison, a su cama, y lo miré profundamente a los ojos. "Mami siente mucho haberte asustado", le dije repetidas veces, con la esperanza de restaurar de algún modo mi agresión. Luego cerré su puerta tras de mí y corrí escaleras abajo. Me arrojé sobre la extensa alfombra de la sala de estar y sollocé bajo el peso total y desesperado de todo aquello.

No sé cuánto tiempo lloré, pero lo hice hasta que quedé sin fuerzas y —entonces— una calma se apoderó de mí. A través de mis ojos empañados por las lágrimas, vi por primera vez que mi rabia era el problema. Mi mente repasó la pregunta que John me hacía repetidamente después de cualquiera de mis rabietas: "¿Qué se necesita para que controles esa ira?".

Siempre me había apresurado a responder en mi propia defensa: "Si no me empujaras no enojaría tanto". Pero John no estaba en casa, ni me había empujado, y yo casi había perdido la cabeza. Por primera vez mi rabia estaba exigiendo un precio que no estaba dispuesta a pagar. Había violado la confianza de mi hijo y las promesas de mi juventud. No estaba dispuesta a seguir siendo la misma, pero no tenía ni idea de cómo liberarme de ese ciclo destructivo en el que me encontraba sumida.

Solo yo tenía la culpa. No era mi educación, ni mi esposo, ni mis antecedentes étnicos, ni mis hormonas. Sí, esas cosas y esos acontecimientos habían forjado y moldeado ciertas áreas de mi vida, pero solo yo era responsable de mi respuesta a ellos. Grité en medio del silencio que ahora envolvía mi casa: "¡Dios, soy yo! Tengo un verdadero problema con la ira!".

¿QUÉ SE NECESITA PARA QUE CONTROLES ESA IRA?

Me sentía atrapada en el remolino de mis errores y excusas. Sentía que me iba a ahogar en el triste estanque de mi propia creación. Rota y desesperada, pedí ayuda a gritos. "Dios, ya no quiero esto. Ya no lo justificaré ni culparé a nadie. Por favor, perdóname".

En respuesta a ello sentí que la carga de la culpa y del pecado desaparecía de mí como si hubieran quitado, de todo mi ser, una prenda invisible y pesada. Entonces oí al Espíritu decir: *Como ya no estás justificando esto… lo sacaré de tu vida.*

Compras lo que justificas

Al justificar tu ira, en esencia, estás diciendo: "Me he ganado el derecho a ser así por lo que me hicieron". Pero no te defines por lo que te hicieron… sino por lo que Jesús hizo por ti. Muchas personas en el cuerpo de Cristo siguen atrapadas en los abusos de su pasado ignorando que se les ha proporcionado un camino de libertad y escape. Encontramos nuestra libertad cuando seguimos las instrucciones de Jesús: "Dirigiéndose a todos, declaró: Si alguien quiere ser mi discípulo, que se niegue a sí mismo, tome su cruz cada día y me siga" (Lucas 9:23).

ENCONTRAMOS NUESTRA LIBERTAD CUANDO SEGUIMOS LAS INSTRUCCIONES DE JESÚS.

Lo que antecede a tomar tu cruz es negarte a ti mismo. No me estaba negando a mí misma; me estaba excusando y justificando. Vagaba por un camino de destrucción pavimentado con piedras defectuosas de mi propio consejo. Cuando se me abrieron los ojos, vi el error de mis caminos. Cuando me arrepentí y me negué a mí misma, Cristo —a su vez— me liberó.

Vive en el Espíritu

> Así que les digo: vivan por el Espíritu y no sigan los deseos de la carne; porque esta desea lo que es contrario al Espíritu y a su vez el Espíritu desea lo que es contrario a ella. Los dos se oponen entre sí, de modo que ustedes no pueden hacer lo que quieren.
>
> —Gálatas 5:16-17

Existe un conflicto entre la vida en el Espíritu y nuestra naturaleza pecaminosa básica. La única manera de resolver este conflicto es vivir por el Espíritu. ¿Qué quería yo? Deseaba ser una gran esposa y madre, tanto como una mujer piadosa. Pero como no vivía en el Espíritu, hacía lo que no quería. La vida en el Espíritu se encuentra cuando nos negamos a nosotros mismos, tomamos nuestra cruz y lo seguimos a él. Creo que tomar nuestra cruz implica abandonar nuestra voluntad. Es cuando repetimos las palabras de nuestro Señor: "Pero no sea lo que yo quiero, sino lo que quieres tú" (Marcos 14:36).

> **CUANDO ME ARREPENTÍ Y ME NEGUÉ A MÍ MISMA, CRISTO —A SU VEZ— ME LIBERÓ.**

La vida en el Espíritu destruye el poder de la ley sobre nuestras vidas: "Pero si los guía el Espíritu, no están bajo la Ley" (Gálatas 5:18). Bajo la ley es ojo por ojo y diente por diente. Tú me lastimaste; yo te lastimaré. Me maltrataron; por lo tanto, maltrataré. No hay mucha esperanza bajo la ley, sin embargo veo a la mayoría de los cristianos más ansiosos por excusarse y colocarse bajo la ley que bajo el Espíritu. Al excusar nuestro presente con nuestro pasado, negamos una parte importante de la obra de la cruz. El asunto se convierte en un juego de culpas. Dios nos hace a cada uno de nosotros a su imagen, con libre albedrío para elegir la vida o la muerte, la bendición o la maldición.

> Las obras de la carne se conocen bien: inmoralidad sexual, impureza y libertinaje; idolatría y hechicería; odio, discordia, celos, arrebatos de ira, rivalidades, desacuerdos, sectarismos.
>
> —Gálatas 5:19-20

Ahí estaba en blanco y negro, y me descubrieron. Dios etiqueta claramente los ataques de ira como un acto de la naturaleza pecaminosa. Otras traducciones llaman a eso "obra de la carne". La brujería, incluso, figura como una de esas obras. Demasiado para mi excusa de que era guerra espiritual. Estaba luchando con mi propia naturaleza caída y rebelde. Quiero destacar el consejo principal de esta Escritura. Pablo dijo: "Les advierto ahora, como antes lo hice, que los que practican tales cosas no heredarán el reino de Dios". Fíjate, dijo: "los que practican tales cosas". Otra traducción dice: "cualquiera que lleve esa clase de vida". Hay una gran diferencia entre incidentes aislados de pecado y un estilo de vida o práctica del pecado. Cuando un médico termina sus prácticas, es el momento de establecer una consulta, un lugar donde ejercerá la medicina día tras día. Otra palabra para *práctica* es *hábito* y hábito es algo que hacemos sin pensar.

Creo que Pablo está citando estas obras de la carne como estilos de vida o patrones habituales. Alguien puede cometer un solo acto de adulterio, arrepentirse y ser perdonado por Dios. Luego está el adúltero habitual, que no tiene intención de dejar de cometer adulterio. Ocasionalmente puede arrepentirse, *si* lo descubren, pero no tiene remordimientos por el acto en sí. Se le califica de adúltero porque para él es una práctica perpetua, un hábito o una forma de vida. También puede justificar y poner excusas a sus actos: "Mi mujer no me entiende", etc. No hay arrepentimiento y, por lo tanto, no hay misericordia porque él no cree que la requiera.

> **HÁBITO ES ALGO QUE HACEMOS SIN PENSAR.**
>
>

La ira se había convertido para mí en un modo de vida habitual. Siempre que ponía excusas o culpaba a otro, rechazaba la misericordia diciendo que tenía razón al actuar y comportarme de esa manera debido a _____ . Entonces introducía la excusa apropiada para el incidente. Este pasaje de la Escritura me abrió los ojos de repente. Escrita por Pablo a los creyentes gálatas, estaba repitiendo algo que ya les había dicho, porque era importante. Aquellos que continuaban con sus habituales estilos de vida pecaminosa no heredarían el reino de Dios.

A este punto, podríamos entrar en una gran discusión teológica sobre qué implica exactamente el "reino de Dios". ¿Significa que uno va al cielo pero tiene que vivir en los suburbios del reino? ¿O el reino no es realmente el cielo sino algo diferente? ¿O significa el peor de los casos: que acabas en el infierno? Aunque carezco de un doctorado en teología, soy lo suficientemente inteligente como para darme cuenta de que ninguna de estas son buenas opciones si se nos está advirtiendo contra ellas.

En ese momento, me había liberado del peso espiritual de la culpa y el pecado, pero aún quedaba la cuestión del hábito. Cada uno de nosotros recuerda haber nacido de nuevo, haber experimentado la libertad y la novedad de vida, y luego haberse encontrado con numerosas situaciones en las que se puso a prueba el temple de nuestra experiencia de salvación. Se nos dieron múltiples oportunidades de elegir la obediencia y la vida cuando la desobediencia y la muerte parecían (por el momento) más atractivas. Ahora mis ojos estaban abiertos y tenía que tomar decisiones constructivas. Era el momento de negarme a mí misma y tomar mi cruz.

Toma tu cruz

El primer paso para mí fue liberar a todas las personas a las que les retuve el perdón. Trataremos este proceso en profundidad en un capítulo posterior. El segundo paso, la confesión, fue un poco más difícil para mí.

Sentí que el Espíritu me guiaba y le confesé a mi esposo lo que había estado a punto de ocurrir con Addison cuando regresó a casa aquel día. Al principio protesté: "Pero no ocurrió, ¿por qué tiene que enterarse John?".

Creo que la razón por la que eso fue necesario era triple. En primer lugar, el reino no funciona según principios puramente naturales. Recuerda, Jesús les dijo a los fariseos que cualquiera que mirara a una mujer con lujuria cometía adulterio con ella en su corazón. Los asuntos del corazón son de suma importancia en el reino. Nuestros corazones son semilleros para buenas o malas semillas. En mi caso no había ocurrido en el ámbito físico, pero sí en mi corazón. La vergüenza y el horror de ello ya se habían manifestado a todo color.

Y aunque fui perdonada cuando confesé mi pecado al Padre en el nombre de Jesús, mira lo que nos dice el libro de Santiago: "Por eso, confiésense unos a otros sus pecados y oren unos por otros, para que sean sanados. La oración del justo es poderosa y eficaz" (Santiago 5:16).

Al humillarme confesando mi pecado y orando con mi esposo, me posicioné para obtener la sanidad en esta área. Ya había sido perdonada cuando me arrepentí y confesé mi pecado a Dios, pero la sanación fluyó hacia los oscuros recovecos de mi corazón cuando saqué mi pecado a la luz. La confesión arroja luz sobre las áreas de pecado y vergüenza, y —en esa atmósfera iluminada— la oración trae sanidad y restauración.

La tercera razón por la que fue bueno informarle esto a John fue que me dio un nivel de responsabilidad. Con la verdad revelada venía la responsabilidad ante ella. Ahora conocía la verdad, pero ¿elegiría vivir en consonancia con ella? John era la persona ideal ante la que debía rendir cuentas, aunque puede que no fuera la más comprensiva. Probablemente podría haber llamado a una amiga que también fuera madre de varios niños en edad preescolar y contarle lo que estuvo a punto de pasar, y ella podría haber sentido simpatía y haberme dicho algo así como: "No te preocupes... Yo casi golpeo a mi hijo contra la pared la semana pasada. En realidad no lo hiciste". Pero la Palabra nos dice: "Las heridas de un amigo sincero son mejores que muchos besos de un enemigo" (Proverbios 27:6 NTV).

NUESTROS CORAZONES SON SEMILLEROS PARA BUENAS O MALAS SEMILLAS.

No necesitaba compasión; necesitaba los azotes fieles de un amigo. Necesitaba a alguien que me hiriera con la verdad. John encajaba perfectamente en ese perfil, aunque no me condenó... por amabilidad. Pudo ver lo arrepentida y destrozada que estaba por todo ese asunto. Oramos juntos y sentí que se me caía una carga de vergüenza de encima. Pero quedaba la cuestión de los hábitos por tratar.

Al día siguiente comenzaría mi campo de pruebas. Como probablemente habrás deducido, tengo tendencia a ser de carácter fuerte. Ahora tenía que elegir. Podía intentar romper el ciclo de ira con mis propias fuerzas y lo más probable era que fracasara, o podía humillarme y negarme a mí misma, tomar mi cruz y reconocer mi absoluta dependencia de Dios. Esto significaba ahondar en el tesoro de su Palabra y golpearme como un boxeador en entrenamiento con las verdades que allí encontraba.

"Sé rápido para escuchar..."

Empecé por plantar Escrituras que produjeran una cosecha de rectitud en mi vida. Una de mis favoritas la encontré de nuevo en el libro de Santiago: "Mis amados hermanos, quiero que entiendan lo siguiente: todos ustedes deben ser rápidos para escuchar, lentos para hablar y lentos para enojarse" (1:19).

Él antepuso su discurso a sus hermanos cristianos con la amonestación de que tomaran nota de lo que iba a decir. Luego lo hizo inclusivo: ¡Para todos! Eso incluye a líderes, padres, hijos, jefes, empleados y, definitivamente, a las madres. No importa cuál sea la posición, todos deben ser rápidos para escuchar a los demás, lentos para hablar, por muy rápido que se les ocurra algo en respuesta, y lentos para enojarse.

CON LA VERDAD REVELADA VENÍA LA RESPONSABILIDAD ANTE ELLA.

Yo estaba modelando exactamente lo contrario a ese comportamiento. Era veloz para hablar, lenta para escuchar y ¡rápida para airarme! No lo hacía bien en ninguna de esas áreas. Creo que es porque se interrelacionan.

Si ralentizas tu tiempo de respuesta eliminando la presión de ejercer tu aporte con rapidez, podrás escuchar realmente lo que dice la otra persona. A menudo esto evita que te sobrecalientes, que la otra persona se ponga a la defensiva, y todo sale mejor.

Esto me llevó a solicitar la ayuda de Dios en cuanto al departamento de mi boca. Como David, mi oración se convirtió en "Señor, ponme en la boca un centinela; un guardia a la puerta de mis labios" (Salmos 141:3).

El guardia vigila lo que entra y lo que sale. David comparó elocuentemente nuestros labios con puertas porque pueden abrirse o cerrarse. Él pidió que pusiera un guardia sobre su boca para que las palabras erróneas no escaparan y causaran daño. El Espíritu Santo tomará las Escrituras que has escondido en tu corazón y te las traerá a la memoria justo cuando estés a punto de dejar escapar palabras dañinas.

Los estudios científicos han demostrado que romper un hábito tarda un total de veintiún días. Esto se basa en el tiempo que tardan los amputados en perder la imagen fantasma del miembro perdido. Al cabo de tres semanas ya no intentarán agarrarse o apoyarse con la extremidad fantasma.

Recuerda que los hábitos son fuertes. Son respuestas que decretamos sin meditarlas, igual que utilizamos nuestros miembros, sin pensar. La rabia se había convertido en un hábito en mi vida. Pensar en navegar veintiún días sin una infracción parecía una imposibilidad. Bien podrían haber sido veintiún años. La rabia estaba así de arraigada en mí.

¿Cómo rompes un hábito? En la misma forma en que lo desarrollaste. Un incidente a la vez, cada cinco minutos, cada hora, cada día. Cuando me desperté a la mañana siguiente me humillé inmediatamente: "Dios, hoy te necesito. Pon un guardia extremadamente despiadado y severo sobre mi boca. No quiero pecar contra ti. Ayúdame hoy a ser lenta para hablar, rápida para escuchar y tarda para la ira".

> **¿CÓMO ROMPES UN HÁBITO? EN LA MISMA FORMA EN QUE LO DESARROLLASTE.**

No pensé: Tengo *que hacer esto durante veinte días más. ¡Oh no! Esto es imposible... ¡Es demasiado!* No permití que eso me abrumara, aunque podría haberlo hecho. Al contrario, lo abordé de manera gradual, paso a paso, sin permitir que la magnitud de la tarea me afectara. No estoy diciendo que fuera fácil; no lo fue. Pero sí te digo que con Dios todo es posible. He vivido más de diez años en un estado en el que la rabia ya no me controla... Yo la controlo a ella.

Los dos primeros pasos en el camino hacia la libertad son el arrepentimiento y la confesión. El capítulo final de este libro contiene un diario de veintiún días y otro de las Escrituras para ayudarte a recorrer ese camino con lo que Dios ha comenzado en tu corazón.

> **CON DIOS TODAS LAS COSAS SON POSIBLES.**

Querido Padre celestial:

Perdóname y lávame. No solo quiero arrepentirme del fruto de mi ira. Quiero que la espada de tu Palabra corte la raíz misma de la ira en mi vida. Mientras sigo leyendo, continúa abriendo mis ojos para que pueda ver. Te doy gracias por la convicción de tu Espíritu que ha sacado las sombras de la justificación y la culpa. Abrazo la luz de tu verdad y la libertad del perdón.

10 | EL PODER DE LA CONFESIÓN

Cuando viajo y participo en conferencias, hay muchas mujeres preciosas que cuentan que ni siquiera se daban cuenta de lo enojadas que estaban hasta que me oyeron hablar y se vieron en el espejo de mi vida. A menudo lloran y afirman que no pueden esperar a volver a casa, pedir perdón y empezar de nuevo sus vidas.

Tal vez te sientas como ellas. Te has vislumbrado en mis palabras y anhelas un nuevo comienzo. ¿Crees que es por accidente que tienes este libro en tus manos? No, creo que es por un propósito divino. Cuando nos encontramos con otro creyente cuya vida ha sido tocada en un área en la que también tenemos necesidad, la fe se eleva y la esperanza brota de nuevo. Salimos al agua y, con corazones temblorosos, preguntamos: "Señor, ¿eres tú? Dios, ¿es esto algo que podrías hacer por mí? ¿Podrías perdonarme y lavarme de todo mi pecado y mi vergüenza? ¿Puedo atreverme a soñar que tú podrías transformar completamente mi ira actual en una piadosa? ¿Podría ser esta un área en la que tu Espíritu Santo podría habitar en mi vida y tú serías glorificado por la forma en que trate con los conflictos?".

A todas estas preguntas y a cualquier otra que pueda formular tu trémulo corazón, el Padre celestial responde: "¡Sí!".

Tenemos un Ayudante

He estado donde tú estás. Aunque no he visto tu cara y no conozco tu nombre, sé que no somos muy diferentes. Porque la Biblia nos lo dice:

> Ustedes no han sufrido ninguna tentación que no sea común al género humano. Pero Dios es fiel y no permitirá que ustedes sean tentados más allá de lo que puedan aguantar. Más bien, cuando llegue la tentación, él les dará también una salida a fin de que puedan resistir.
>
> —1 Corintios 10:13

No hay ningún problema al que te enfrentes que sea exclusivamente tuyo. Pero a Satanás le encanta aislarnos y acusarnos a cada una y a cada uno de nosotros. Nos susurra mentiras, como: "Eres la única que lucha con esas cosas. Estás sola en esto... Nadie más es tan odiosa como tú". Lo sé porque, como tú, he oído esas mentiras.

Dios no hace acepción de personas. Eso significa que no tiene favoritos cuando se trata de sus promesas y de su Palabra.

> Pedro tomó la palabra y dijo: "Ahora comprendo que en realidad para Dios no hay favoritismos, sino que en toda nación él ve con agrado a los que le temen y actúan con justicia".
>
> —Hechos 10:34-35

Nuestro Padre celestial recibe a todos y cada uno de los hijos que se presentan ante él con un corazón humilde y obediente. Recuerda, no es al orgulloso y santurrón a quien el Señor acepta, sino al quebrantado y contrito. Tampoco es al independiente o al sabelotodo a quien escucha. Él oye a los que acuden agotados y cansados de intentarlo. A estos cansados y quebrantados les invita:

"Si a alguno de ustedes le falta sabiduría, pídasela a Dios y él se la dará, pues Dios da a todos generosamente sin menospreciar a nadie" (Santiago 1:5).

Reconocer nuestra falta de sabiduría es un acto de humildad en sí mismo. Debemos admitir que hemos intentado todo lo posible por nuestras propias fuerzas y, sin embargo, hemos fracasado en nuestros intentos. Cuando nos cansemos de culpar a los demás solo para permanecer cautivos nosotros mismos y estemos dispuestos a dejar toda culpa, entonces podremos presentarnos libremente ante nuestro Padre celestial, que no mira ni busca nuestras faltas y defectos. Él mira más allá de todos nuestros débiles intentos y escudriña los reinos profundos de nuestros corazones.

> **NO HAY NINGÚN PROBLEMA AL QUE TE ENFRENTES QUE SEA EXCLUSIVAMENTE TUYO.**

Anda en la luz

> Pero si andamos en luz, como él está en luz, tenemos comunión unos con otros, y la sangre de Jesucristo su Hijo nos limpia de todo pecado.
>
> —1 Juan 1:7 RVR1960

¿Qué significa andar en la luz, "como él está en la luz"? Para responder debemos fijarnos en un versículo anterior, 1 Juan 1:5: "Dios es luz y en él no hay ninguna oscuridad". Dios no solo anda en la luz, él es Luz. Esta luz no emana de ninguna fuente externa, sino de su propio ser. No hay oscuridad en ninguna parte de él. Este es un concepto difícil de suponer para nosotros, por no decir de imaginar. Todo lo que vemos está sombreado y ensombrecido de un modo u otro. Las únicas fuentes de luz que conocemos provocan sombras. El apóstol Juan no se refería a una fuente de luz que se origina o brilla fuera o a nuestro alrededor, sino a una que procede de nosotros.

DIOS NO SOLO CAMINA EN LA LUZ, ÉL ES LUZ.

No se refería a la luz física natural, sino a la luz de nuestro espíritu (aunque en el cielo, como en el caso de Moisés, pueda ser físicamente visible). Andamos en la luz en este mundo actual, oscuro y ensombrecido, caminando con un corazón puro. Eliminamos las áreas de oscuridad en nuestras vidas cuando permitimos que la sangre de Cristo nos limpie. Eso restaura y mantiene nuestra comunión con otros creyentes y con Dios. Pero, "Si afirmamos que no tenemos pecado, nos engañamos a nosotros mismos y la verdad no está en nosotros" (1 Juan 1:8).

¿Cómo pretendemos, entonces, estar libres de pecado? La mayoría de nosotros pecamos sin darnos cuenta. Insisto, cuando justificamos, culpamos o ponemos excusas a nuestro comportamiento, en esencia afirmamos que no tenemos ningún defecto. Eso se puede oír en nuestras conversaciones: "Lo siento. Sé que no debería... ¡pero haces que enfurezca cuando haces eso!". Para la mayoría de las personas esta manera de razonar es demasiado familiar. La hemos practicado de alguna forma desde la niñez. Pero eso no es una disculpa ni mucho menos. Por el contrario, es una forma de culpar. No hemos asumido la responsabilidad ni nos arrepentimos de nuestros actos. Nos limitamos a decir: "¡Lo siento, pero me irritas! Es culpa tuya. Me has hecho enfadar y por eso sufro las consecuencias pertinentes. No tuve elección. Me sacaste de control". Juan dice, en 1 Juan 1:8 que cuando seguimos este patrón, fingiendo que no tenemos pecado, nos engañamos a nosotros mismos y "la verdad no está en nosotros". Una cosa es tener conocimiento de la verdad y otra muy distinta vivirla. Los fariseos eran expertos en la letra de la verdad pero desconocían el espíritu de la misma. El Salmo 119:105 (RVR1960) declara: "Lámpara es a mis pies tu palabra, y lumbrera a mi camino". Los fariseos poseían grandes conocimientos y, sin embargo, andaban en tinieblas. Jesús los llamó sepulcros blanqueados, llenos de huesos de muertos. Parecían refulgentes por fuera, pero por dentro estaban llenos de tinieblas y de hedor a muerte. Justificaban su avaricia y el uso cruel de la Palabra de Dios con sus acusaciones y su actuación. Se cubrían de engaño. Pero Dios no busca posición ni desempeño. No lo impresionan los títulos ni la adulación de los hombres. Él quiere manos limpias y un corazón puro. Estos vienen a través de la humildad, la transparencia y la honestidad.

> Si confesamos nuestros pecados, Dios, que es fiel y justo, nos los perdonará y nos limpiará de toda maldad.
> —1 Juan 1:9

Jesús purifica a los que confiesan. Esto se refiere de nuevo a andar en la luz. La confesión ilumina o saca a la luz un asunto. Confesar es admitir, contar, confesar, reconocer, conceder o desahogarse. Cuando confesamos descargamos la oscuridad, asumimos la responsabilidad y aceptamos nuestra parte de culpa. Tengo que admitir que ha habido ocasiones en las que incluso he acudido a Dios y le he puesto excusas. "Dios, sé que no debería haber... ¡pero me ponen tan furiosa!". Cuando hago eso, no estoy pidiendo misericordia ni limpieza; estoy dando excusas. Saldré de su presencia sintiéndome aún sucia y ofendida. La culpa y la condena me ensombrecerán y la oscuridad cubrirá mi camino.

UNA COSA ES TENER CONOCIMIENTO DE LA VERDAD Y OTRA MUY DISTINTA VIVIRLA.

Sin embargo, cuando confesamos francamente no solo nuestras acciones sino también nuestros motivos, nos encontramos limpios de toda maldad. Dios perdona nuestros pecados y nos purifica. Hace poco le compré a mi hijo Alexander una camisa nueva que lo ilusionó mucho. Por desdicha, la primera vez que se la puso derramó algo sobre ella. La trajo a casa, la alzó para que yo la inspeccionara y luego me miró con sus grandes ojos pardos y me dijo: "Lo siento, mamá".

Sin excusas, sin culpar, solo: "Lo siento, mamá".

¿Cómo podía disgustarme? Sabía que no quería manchar su camisa.

"No pasa nada", le aseguré. "Intentaré quitarle la mancha".

Fue tan sincero en cuanto a todo el asunto y sus modales tan cordiales que, inmediatamente, la puse en la ropa sucia. (Con cuatro niños siempre hay ropa que lavar en cualquier parte de la casa). Así que tuve especial cuidado en tratar su camisa y, como me había enseñado la mancha, enseguida pude eliminarla por completo, sin que quedara ni rastro de ella.

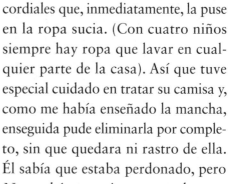

ELIMINAMOS LAS ÁREAS DE OSCURIDAD EN NUESTRAS VIDAS CUANDO PERMITIMOS QUE LA SANGRE DE CRISTO NOS LIMPIE.

Él sabía que estaba perdonado, pero ahora se sentía restaurado. No tendría que mirar su prenda y ver ningún rastro de aquella fea mancha.

Creo que esto ilustra lo que ocurre cuando nos confesamos de verdad. Somos perdonados, tratados previamente con la sangre de Jesús, y toda mancha es eliminada por completo de nuestra vida. Dios siempre está dispuesto a perdonarnos y puede hacerlo, pero cuando no confesamos de acuerdo a la palabra de verdad que hay en nosotros, seguimos manchados de injusticia. Sin embargo, tenemos su promesa de que si confesamos, él es fiel y justo para —primero— perdonar y —luego— purificarnos de toda injusticia. La culpa y la justificación son indicativos de una actitud de autosuficiencia en la vida del creyente. La Palabra de Dios nos dice que no hay justo, ¡ni uno solo! Por lo tanto, "si afirmamos que no hemos pecado, lo hacemos pasar por mentiroso y su palabra no está en nosotros" (1 Juan 1:10).

SI CONFESAMOS, ÉL ES FIEL Y JUSTO PARA —PRIMERO— PERDONAR Y —LUEGO— PURIFICARNOS DE TODA INJUSTICIA.

Si afirmamos que estamos libres de pecado, contradecimos la Palabra de Dios: "Pues todos han pecado y están privados de la gloria de Dios" (Romanos 3:23). Cuando justificamos como debilidad lo que Dios llama pecado, lo llamamos a él mentiroso. Cuando afirmamos que es imposible obedecer su Palabra, que dice que no hay tentación que no tengamos la capacidad de vencer por medio de Cristo, lo contradecimos y lo hacemos pasar por mentiroso.

Es imperativo que simplemente nos sinceremos ante él y expongamos lo bueno, lo malo y lo feo. No hay pecado secreto ni motivo oscuro en nuestros corazones que no conozca ya. Él nos

ÉL QUIERE MANOS LIMPIAS Y CORAZONES PUROS.

conoce mejor que nosotros mismos. *Por lo tanto, la confesión no es una cuestión de informar a Dios, sino de negarnos a nosotros mismos y admitir o estar de acuerdo con la Palabra de verdad de Dios.*

A menudo esto puede ser doloroso, como lo fue para mí cuando vislumbré por primera vez la absoluta desdicha de todo el espectro de mi rabia. Quizá incluso ahora estés experimentando emociones similares. Incluso temes no ser capaz de cambiar. La verdad es que lo más probable es *que* no puedas. Sin la Palabra de Dios y la intervención suya, a la mayoría de nosotros nos resulta extremadamente difícil cambiar nuestros hábitos. Ya lo has intentado por tu cuenta y has fracasado; ahora es el momento de permitir que Dios lo haga a su manera. Es importante que no midas lo que *Dios* puede hacer en el futuro por lo que tú hayas hecho en el pasado. Dios no está limitado ni confinado a nuestros fallos.

ES IMPERATIVO QUE SIMPLEMENTE NOS SINCEREMOS ANTE ÉL Y EXPONGAMOS LO BUENO, LO MALO Y LO FEO.

Quebrantado e irresistible

La Escritura dice: "Dios se opone a los orgullosos, pero da gracia a los humildes" (Santiago 4:6). No conozco a nadie que disfrute con la oposición del Rey del cielo y de la tierra. Otra traducción nos dice que Dios se opone a los soberbios. No sé tú, pero yo no quiero que Dios se resista o se oponga a mí. Quiero ser quebrantado e irresistible para Dios. No puedo lograr eso sin su ayuda y su asistencia. Para que eso suceda, debo humillarme a través del arrepentimiento, confesar francamente no solo mis acciones sino también mis motivos, presentando así cualquier oscuridad en mi corazón, luego abrazar su perdón y recibir su proceso de limpieza y purificación.

"Así que sométanse a Dios. Resistan al diablo y él huirá de ustedes" (Santiago 4:7). Después del proceso de someternos a Dios podemos resistir al diablo y él *huirá*. Ahora, tras someter nuestro corazón, nuestro pasado y nuestros errores a Dios, es tiempo de resistir al diablo. Como ya no justificamos nuestra ira ni culpamos a los demás, no nos apoyamos en nuestra propia justicia sino en la de Dios. Esto nos saca del reino de la justicia propia y del dominio de lo que hemos hecho o de lo que nos han hecho. Ahora entramos en el dominio de la luz donde la justicia se basa en lo que se hizo *por* nosotros. Cuando nos humillamos nos despojamos de los trapos sucios de nuestra justicia propia y nos vestimos con los atuendos de la justicia de Cristo y la autoridad que proporciona.

Será necesario resistir al diablo cuando venga con sus mentiras y acusaciones. Él no dejará de acusarte solo porque te hayas arrepentido y confesado. Seguirá sacando a relucir tus fallas del pasado. A menudo nos sentimos la tentación a revolcarnos en sus acusaciones durante un tiempo. En mi caso, antes de abrazar la misericordia de Dios negándome de verdad a mí misma y confesando mi pecado, intentaba castigarme.

Eso tomó muchas formas pero aquí solo contaré algunas. Me castigaba deteniendo el perdón. Tal vez te preguntes cómo podría lograr tal hazaña cuando Jesús perdona generosamente. Pues bien, no me permitía confesar lo que había hecho hasta que me sentía suficientemente culpable. Debido a la demora, se filtraban la vergüenza y la condenación, reemplazando la convicción inicial que experimenté. Cuando al fin confesé, descubrí que no era realmente una confesión verdadera sino más bien una disculpa... lo cual es diferente.

Confesión vs. Disculpa

¿Notaste que cuando describí lo que significaba confesar, anteriormente en este capítulo, no hubo ninguna mención a la palabra disculpa? Hay una gran diferencia en sus significados fundamentales. La definición de *disculpa* incluye: "excusa, defensa, justificación y explicación". Recuerda que la apologética es la defensa de una creencia. Por lo tanto, un ejemplo clásico de disculpa es: "Lo siento, pero me has hecho enfadar". O "Lo siento, pero no puedo evitarlo". O "Lo lamento, pero no es culpa mía". La condena y la vergüenza eran tan pesadas que me sentía mejor disculpándome que confesándome. La confesión es "hechos reales sin restricciones", mientras que las disculpas son alegatos condicionales.

Puede que te resulte sorprendente, pero el término *disculpa* o *pedir perdón* ni siquiera aparece en la Biblia. Sin embargo, no solo pedí perdón a Dios, sino también a los demás. Las confesiones allanan el camino hacia el perdón porque reconocen su necesidad; las disculpas, no.

Cuanto más retrasamos la confesión a Dios, más profunda es la huella de la culpa en nuestras almas. No es como la mancha de la camisa de mi

> **LA CONFESIÓN ES "HECHOS REALES SIN RESTRICCIONES", MIENTRAS QUE LAS DISCULPAS SON ALEGATOS CONDICIONALES.**

hijo. ¿Qué habría pasado si se hubiera avergonzado y, en vez de traerme inmediatamente la camisa manchada, la hubiese escondido debajo de su cama o echado descuidadamente en el cesto de la ropa sucia? La mancha habría tenido más oportunidad de fijarse en las fibras del material y habría sido más difícil de quitar. ¿Y qué me habrían dicho sus acciones? Si la hubiera escondido de mí, habría pensado que temía a mi reacción y que me consideraba injusta. Si la hubiera puesto en el cesto de la ropa sucia, sin decirme nada, es posible que yo hubiera obviado lo de la mancha por completo durante el proceso de tratamiento previo a la lavandería, y nuevamente habría habido una mayor probabilidad de que la mancha quedara intacta. Al traérmela lo antes posible, me demostró que creía que no reaccionaría de forma exagerada y que haría todo lo que estuviera a mi alcance para eliminarla. Dios quiere que nos acerquemos a él con ese mismo corazón.

> En realidad, sin fe es imposible agradar a Dios, ya que cualquiera que se acerca a Dios tiene que creer que él existe y que recompensa a quienes lo buscan.
>
> —Hebreos 11:6

LA FE NO ES SOLO CREER QUE DIOS EXISTE, SINO TAMBIÉN QUE ES BUENO Y JUSTO, Y QUE RECOMPENSA A QUIENES SON DILIGENTES EN BUSCARLO.

Me alegró que me la trajera enseguida. La fe no es solo creer que Dios existe, sino también que es bueno y justo, y que recompensa a quienes son diligentes en buscarlo. No quiero que limites el significado de *diligencia* al trabajo solamente. Abarca mucho más. Incluye constancia, paciencia, aplicación, dedicación, industria y celo. Alguien que se vuelve a Dios con constancia es un ejemplo de diligencia.

Autocastigo

Otra forma de castigarme era ensayar repetidamente mis fracasos mientras me reprendía por ellos. "¡Cómo he podido ser tan estúpida!". "Vaya, Lisa, no haces más que repetir eso una y otra vez". "Nadie es tan malo como tú. Nadie más lucha las batallas que tú. Todos los demás son cristianos mejores y más fuertes que tú". Al permitir que esas conversaciones molestas y acusatorias ocuparan espacio en mi mente, esperaba prevenir futuras infracciones avergonzándome a mí misma para adoptar un nuevo patrón de comportamiento. Eso sirvió para aumentar la conciencia del pecado en mi vida hasta que me sentí abrumada por ello. Imaginaba que las voces acusadoras eran los pensamientos de Dios respecto a mí. Cuando me presentaba ante él en oración, descubría que el coro de acusaciones ahogaba la voz suave y serena.

Pedía perdón a Dios y a mi esposo una y otra vez y, sin embargo, a medida que las palabras salían de mi boca me sentía condenada a repetir mis errores. Pero cuando confesé y renuncié por primera vez, vi la luz al final de mi oscuro túnel. Fue entonces cuando me di cuenta de que la salida de cualquier caverna o túnel oscuro no se encuentra mirando a la oscuridad sino avanzando hacia la luz. La confesión, no la disculpa, nos mueve hacia la luz.

También me castigaba a mí misma permitiendo que esa culpa entrara en mis relaciones con mi marido y con Dios. Imaginaba que ellos realmente no me habían perdonado. Después de todo, ¿cómo podían hacerlo si yo aún no me había perdonado a mí misma? Eso hizo que levantara un muro mental y me pusiera en guardia. Dios no dice: "Castígate, golpéate, y cuando hayas pagado el precio ven a mí". No. Él quiere que si nos enfadamos, no pequemos. Él no quiere que se ponga el sol sobre nuestra ira con los demás ni con nosotros mismos.

Pedro se dirigía a los mismos judíos que habían pedido la crucifixión de su Señor en Hechos 3:19: "Por tanto, para que sean borrados sus pecados, arrepiéntanse y vuélvanse a Dios".

En esta Escritura, Pedro se dirigía a una gran multitud de personas, pero su mensaje también tiene una aplicación personal a nuestras vidas. Cuando nos arrepentimos (no nos disculpamos) nuestros pecados son borrados, y experimentamos un "refrigerio" en nuestra relación con el Señor. Somos bañados y limpiados de nuestra suciedad. No hay nada más refrescante que una limpieza a fondo.

Hemos cubierto nuestras confesiones con Dios; ahora pasemos a nuestras confesiones con los hombres.

Padre celestial:

Vengo a ti en el nombre de Jesús. Gracias por abrirme los ojos. Ya no me limitaré a disculparme… confesaré mi papel y mi parte. Recibiré tu limpieza de toda mancha. Te agradezco que no quedará ni rastro. Ahora, Señor, te pido tu refrigerio. Sopla el viento de tu Espíritu sobre los huesos secos de mi vida. Lávame en el agua de tu Palabra.

11 | DETENLO ANTES QUE SE DESCONTROLE

¿No estaría bien que pudiéramos evitar, de algún modo, cualquier tipo de conflicto intenso, en primer lugar? Esto eliminaría o reduciría en gran medida la cantidad de tiempo que pasamos confesando los pecados de nuestra boca. Si encontramos la fuente de la disputa entonces posiblemente podamos evitar su escalada en nuestras vidas.

Conflicto interior

Santiago preguntó: "¿De dónde surgen las guerras y los conflictos entre ustedes? ¿No es precisamente de las pasiones que luchan dentro de ustedes mismos?" (Santiago 4:1). Parece que se trata de otro asunto interno. Como que se libra otra batalla de deseos en nuestro interior.

El apóstol continúa: "Desean algo y no lo consiguen. Matan y sienten envidia, y no pueden obtener lo que quieren. Riñen y se hacen la guerra. No tienen, porque no piden" (4:2). Quizá no se trate de una nueva batalla. Tal vez solo sea una continuación de los síntomas de otra. Esto evoca terriblemente a Caín y a Abel. No se puede evitar que esto suceda cuando hacemos de otras personas nuestra fuente de provisión. Si dependemos de ellos como nuestra fuente, terminarán por convertirse en los que nos retienen lo que necesitamos. Si creemos que el hombre proporciona promoción y seguridad entonces nos llenaremos de miedo y enojo si no tenemos el control. Santiago les estaba diciendo a sus oyentes la razón por la que discutían y peleaban entre ellos cuando, en realidad, necesitaban levantar los ojos al cielo y buscar la sabiduría de Dios.

"Y cuando piden, no reciben porque piden con malas intenciones, para satisfacer sus propias pasiones", afirmó Santiago (4:3). Esto solía confundirme. ¿Se estaba contradiciendo Santiago aquí? No, no los estaba exhortando a "pedir a Dios" para luego decirles que es inútil hacerlo. Entonces, ¿qué estaba diciendo? Creo que como explicación podríamos utilizar la siguiente paráfrasis:

> ¿Sabe por qué siempre está en lucha? ¡Eso es por lo que ocurre en su interior! ¡Fíjese en sus motivos! Siempre que no consigue lo que quiere, se enfada y se vuelve destructivo. Sigue codiciando las posesiones y las posiciones de los demás. Está tan fuera de control, ¡que incluso mataría para salirse con la suya! ¡No puede tener lo que quiere! Dios no lo permite, y usted necesita preguntarle por qué. Pero, en lugar de eso, se enfurece y culpa a los que le rodean. Siempre que pida cosas con estos motivos no las recibirá porque Dios sabe que las malgastará en sus propios placeres.

He tenido que poner esto en práctica con mis hijos. Cuando eran pequeños, a veces mis preciosos y hermosos ángeles peleaban, se insultaban o hacían broncas para salirse con la suya (no muy diferente a su madre). Al calor y la intensidad de una batalla con un niño de dos años, a menudo parecería más fácil para todos los implicados simplemente dejar que se saliera con la suya. Déjalo ganar esa batalla con la esperanza de que puedas ganar más tarde la guerra. Bueno, puede que lo haga, pero solo después de mayores dificultades y con muchos más sinsabores que los que supuso la confrontación inicial. Recompensar el mal comportamiento, al final, siempre volverá a cobrarte. En última instancia, no le estarás haciendo un favor al niño, sino un flaco socorro. Dios es nuestro Padre celestial, y es el más sabio de todos los progenitores. Él sabe cuándo alguna *cosa* deseada pondrá en peligro nuestro carácter.

Debo confesar que ha habido ocasiones en las que me he encontrado culpable de escenificar una rabieta para salirme con la mía. Me quejaba y lloriqueaba: "Dios, ¿cómo es que ellos tienen esto y yo no?", evidenciando mi codicia, o pisaba fuerte y exigía esto o aquello. Otras veces era interpersonal: "¡Dios, tú sabes que tengo razón y que ellos están equivocados! Diles o demuéstrales que estoy en lo correcto". Esto era especialmente conveniente en los desacuerdos con mi marido o con otros cristianos. Me imaginaba a Dios interrumpiendo sus devocionales para decirles cuánta razón tenía yo. Por supuesto, esas oraciones egoístas e interesadas nunca fueron atendidas.

Sin embargo, descubrí que a medida que maduraba y me atrevía a abandonarme a mí misma y a los demás en las manos de Dios, prevalecía su justicia, no la mía. Normalmente se me concedía la oportunidad exclusiva de verme a mí misma desde otra perspectiva y descubrir que los motivos que creía tan puros en realidad no lo eran. Recuerda, puedes tener razón y, al mismo tiempo, estar equivocado.

> RECOMPENSAR EL MAL COMPORTAMIENTO, AL FINAL, SIEMPRE VOLVERÁ A COBRARTE.

Hay otras razones para las oraciones sin respuesta, una de las cuales es un conflicto sin resolver.

Conflicto sin resolver

Por lo tanto, si estás presentando tu ofrenda en el altar y allí recuerdas que tu hermano tiene algo contra ti, deja tu ofrenda allí delante del altar. Ve primero y reconcíliate con tu hermano; luego vuelve y presenta tu ofrenda.

—Mateo 5:23-24

Cuando el templo aún estaba intacto, uno se presentaba ante el altar para presentar su ofrenda. Era un momento de reflexión e introspección. La ofrenda servía como una cobertura perfecta, sin mancha, para expiar la iniquidad en su vida. Del mismo modo, nos presentamos ante el Padre en oración, preparando nuestros corazones para presentar un sacrificio de alabanza. Al escudriñar en los recodos de nuestra alma, si encontramos iniquidad debemos confesarla; pero si recordamos a un hermano que nos guarda rencor, Dios nos dice que detengamos el proceso, dejemos la ofrenda y acudamos primero a él para reconciliarnos.

En ciertas ocasiones, es más fácil hablar de resolver un conflicto que resolverlo. Cuando el problema es entre cristianos, al menos tenemos el mismo marco de referencia o norma para arreglar problemas. Pero a veces los que nos rodean se niegan a reconciliarse. Entonces, ¿qué hacemos? Esto me ocurrió una vez con una compañera cristiana. Yo había ofendido inadvertidamente a una amiga y sentí que había una brecha entre nosotras. Hice un examen de conciencia y me acerqué a ella. Le pregunté si había hecho algo que la hirió o la ofendió. Le dije espontáneamente que estaba consciente de que a menudo podía ser ofensiva sin darme cuenta y le aseguré que no quería que eso siguiera pasándome. Ella me dijo que yo no había hecho nada, pero el distanciamiento seguía presente. Le compré un regalo y le dejé una nota, pidiéndole perdón de nuevo. No recibí respuesta. Fui a verla en persona otra vez. Ella me aseguró que no, que no había nada malo, pero el alejamiento persistía. Finalmente acudí a una amiga común y le pregunté si sabía qué había hecho yo para ofender a esa persona. Ella no lo sabía. Le conté toda la historia en un intento por encontrarle sentido a la situación. Finalmente, tras escucharlo todo, me dijo:

—Lisa, ¿le has pedido perdón?

—Sí —le aseguré.

—¿La has buscado?

—Sí, repetidamente —le dije.

—Si has hecho todo eso y ella sigue sin recibirte, tienes que olvidar eso.

Sus palabras me liberaron. Me di cuenta de que había obedecido Romanos 12:18: "Si te es posible, en cuanto dependa de ti, vive en paz con todos". Me sentía muy culpable y perdida porque ni siquiera sabía con certeza cuál era mi transgresión. La verdad es que es muy posible que ya no disfrutara de nuestra amistad, o que las estaciones de nuestras vidas hubieran cambiado. He visto a algunos amigos entrar y salir de mi vida según Dios ha hecho una obra en ellos o en mí.

Nuestra responsabilidad es orar por la reconciliación y preguntar a Dios qué papel debemos desempeñar en el proceso. Si acudimos a la persona con la que deseamos reconciliarnos con humildad y amor y —aun así— nos rechaza, a veces es porque todavía no está preparada para responder. A nadie le gusta sentirse rechazado. Duele, pero nunca eres un fracasado si obedeces la Palabra de Dios.

¿Y si no es un hermano con el que estás en conflicto, sino un adversario? Dios también nos da consejos en este ámbito.

> Si tu adversario te va a denunciar, llega a un acuerdo con él lo más pronto posible. Hazlo mientras vayan de camino al juzgado, no sea que te entregue al juez, el juez al guardia y te echen en la cárcel. Te aseguro que no saldrás de allí hasta que pagues el último centavo.
>
> —Mateo 5:25-26

Este adversario va tan en serio que te llevará a los tribunales. Casi puedo imaginarme la escena: ocurre una acalorada discusión que parece imposible de resolver. Cada parte está firmemente plantada en su lado de la valla. Finalmente uno de ellos ha tenido suficiente y decide que va a demandar. Agarra del brazo al otro compañero y grita: "¡Muy bien, esto se decidirá en los tribunales!". Antes de que pueda pensarlo, el otro tipo se ve impulsado a toda prisa por el ajetreado mercado hacia el edificio judicial. Debe pensar rápidamente. ¿Quiere pasar por los gastos y la vergüenza de un proceso judicial? ¿O sería mejor llegar a un acuerdo extrajudicial y ahorrarse todos esos problemas y costes? ¡*Siempre* es mejor llegar a un acuerdo extrajudicial! Así que, por el camino, comienza a negociar un acuerdo. Como dice una traducción: "Ponte de acuerdo con tu adversario". Jesús nos anima a llegar a un acuerdo antes de ser llevados ante el juez.

Lo que funciona con un enemigo, sin duda funcionará con un amigo o un esposo. Haber sido tan bocazas durante tanto tiempo hizo que eso fuera muy difícil para mí. En realidad, mi boca era una manifestación externa de mi orgullosa condición interna. Hubo un tiempo de conflicto en mi vida con un ser querido, el cual fue perennemente de doble vía. Esta persona exponía un caso… yo exponía el mío. Iba y venía como un partido de tenis sin esperanza de terminar. Recurrimos a la ayuda de un consejero cristiano. Después de una noche, yo estaba emocionalmente agotada y pensaba que ni siquiera ese asesoramiento serviría de nada. Lo único que habíamos hecho era sacar a relucir el pasado y volver a herirnos mutuamente con él. John y yo conducíamos de regreso a casa sintiéndonos desesperanzados cuando ¡me di cuenta! *Realmente no importa quién tiene razón. No voy a seguir defendiéndome ni defendiendo mi posición. Creo que tengo razón y estoy intentando que esta persona concuerde con que la tenga. Eso nunca va a suceder. Pero quiero a esa persona y, con razón o sin ella, he perjudicado a esta relación, así que tengo que hacer todo lo posible para lograr la reconciliación.*

> NUESTRA RESPONSABILIDAD ES ORAR POR LA RECOANCILIACIÓN Y PREGUNTAR A DIOS QUÉ PAPEL DEBEMOS DESEMPEÑAR EN EL PROCESO.

Me fui a dormir esa noche con la esperanza, por primera vez en años, de que Dios hiciera de las suyas en nuestras vidas. Al día siguiente, cuando volvimos a reunirnos con el consejero, empecé diciendo: "Solo quiero que sepas que lo siento mucho por todo".

Al principio eso no afectó en nada a esa persona, pero a mí sí. Creo que el consejero se preguntaba qué me pasaba por el cambio radical de la noche anterior. Mi amigo sacó a relucir otro incidente para mi inspección.

"Lo siento", dije. No ofrecí excusas ni justificaciones, solo "lo siento". Surgió otro incidente y, de nuevo, "lo siento" fue mi respuesta. En poco tiempo la tormenta entre nosotros se calmó. Nos abrazamos y esperamos con ansias pasar tiempo juntos al día siguiente.

Dios será fiel a su Palabra cuando te sometas a ella y camines en ella. Puede que no suceda inmediatamente, pero ocurrirá. Aunque el corazón de la otra persona todavía se enfurezca contra ti, él te mantendrá en perfecta paz.

A menudo, eso nos resulta muy difícil, sobre todo si tenemos un historial de problemas con la ira. Lo último que queremos hacer con nuestra persona es rendirnos. Queremos luchar hasta el final. Siempre tuve la impresión equivocada de que ganaba algo cuando lanzaba la última palabra. Pensaba que ganaba el que metiera más golpes. Pero me equivocaba. Nunca ganamos cuando no controlamos nuestra boca y controlar nuestra boca es una clave importante.

> **DIOS SERÁ FIEL A SU PALABRA CUANDO TE SOMETAS A ELLA Y CAMINES EN ELLA.**

El poder de la lengua

Todos fallamos mucho. Si alguien nunca falla en lo que dice, es una persona perfecta, capaz también de dominar todo su cuerpo.

—Santiago 3:2

Aquí es donde la capacidad de verbalizar nuestros pensamientos tiene sus desventajas. Lo que digo es definitivamente un área de desafío constante para mí. Estoy muy lejos de ser una mujer perfecta, con mi cuerpo bien controlado. La buena noticia es que, por la gracia de Dios, he recorrido un largo camino. En vez de evadir estos versículos como solía hacer, los utilizo como pesas libres. Santiago continúa ilustrando con gran detalle la importancia de domar la lengua:

> Cuando ponemos freno en la boca de los caballos para que nos obedezcan, podemos controlar todo el animal. Fíjense también en los barcos. A pesar de ser tan grandes y ser impulsados por fuertes vientos, se controlan por un pequeño timón a voluntad del piloto. Así también la lengua es un miembro muy pequeño del cuerpo, pero hace alarde de grandes hazañas. ¡Imagínense qué gran bosque se incendia con tan pequeña chispa!
>
> —Santiago 3:3-5

Aquí, Santiago nos ofrece algunas imágenes importantes. En primer lugar está el caballo, que es mucho más grande y fuerte que un hombre, y sin embargo se le puede hacer voltear o detener en seco con el bocado que lleva en la boca. (A menudo he pensado que este podría ser un invento maravilloso para uso humano). A continuación vemos el enorme barco, conducido en alta mar pero dirigido por un timón muy pequeño bajo el control del piloto. Luego tenemos la lengua. Insisto, es pequeña en comparación y, sin embargo, dirige el curso de nuestras vidas. Es como la pequeña chispa capaz de destruir un gran bosque de madera.

> También la lengua es un fuego, un mundo de maldad entre nuestros órganos. Contamina todo el cuerpo y, encendida por el infierno, prende fuego a todo el curso de la vida
>
> —Santiago 3:6

Santiago correlacionó directamente la lengua con el fuego y la llamó un mundo de maldad en referencia a las partes del cuerpo. Ella tiene el potencial para contaminar toda tu persona y enviarte por el camino de la destrucción. También tiene el poder para sacarte del reino de las tinieblas y transportarte al de la luz.

Que si confiesas con tu boca que Jesús es el Señor y crees en tu corazón que Dios lo levantó de entre los muertos, serás salvo. Porque con el corazón se cree para ser justificado, pero con la boca se confiesa para ser salvo.
—Romanos 10:9-10, énfasis añadido

Lo mismo que nos mete en problemas puede sacarnos de ellos:

"En la lengua hay poder de vida y muerte; quienes la aman comerán de su fruto".
—Proverbios 18:21

Seguimos el modelo de nuestro Padre celestial, que utiliza sus palabras para crear y dar vida. Esto significa que debemos optar por bendecir a los demás con nuestras palabras en vez de maldecirlos. Somos llamados a ser perfectos como lo es él. Dios no exige una perfección física. La clave se encuentra en nuestra forma de hablar. Al refrenar nuestra lengua controlamos todo nuestro ser y podemos someterlo a su Palabra de verdad.

"¿Quién es sabio y entendido entre ustedes? Que lo demuestre con su buena conducta, mediante obras hechas con la humildad que le da su sabiduría", señala Santiago (3:13). Hace falta humildad para callar cuando uno realmente quiere defenderse. Se necesita humildad para retribuir una amabilidad por un acto traicionero. Tu vida seguirá lo que diga tu boca. No suelen ser las cosas públicas sino las privadas las que nos meten en problemas. Verdaderamente no existen los secretos. ¿Significa esto que no debemos hablar nunca y vivir en constante temor? No, se nos amonesta lo siguiente:

> Hablen y pórtense como quienes han de ser juzgados por la ley que nos da libertad, porque habrá un juicio sin compasión para el que actúe sin compasión. ¡La compasión triunfa en el juicio!
>
> —Santiago 2:12-13

Aquí tenemos de nuevo ese principio de medida: la medida que usamos con los demás es la misma que se empleará con nosotros. Este es el orden de la ley que da libertad. Las personas que ejecutan un juicio sin piedad cosechan un juicio sin piedad. La mayoría de nosotros no somos miembros del sistema judicial, sin embargo, cada día participamos de él en un grado u otro. Se encuentra en nuestras acciones y en nuestro discurso.

AL REFRENAR NUESTRA LENGUA CONTROLAMOS TODO NUESTRO SER.

Santiago advirtió: "Pero si ustedes tienen envidias amargas y rivalidades en el corazón, dejen de presumir y de faltar a la verdad" (Santiago 3:14).

Cuando estas cosas están ocultas en nuestros corazones, es difícil hablar y actuar con gracia. Siempre conseguirán enturbiar nuestras acciones y matizar nuestras conversaciones. Las ofensas no resueltas en nuestra vida se convierten en un filtro a través del cual procesamos todo. Si se trata de celos, te resultará difícil alegrarte con los demás. Si se trata de ambiciones egoístas, mirarás todo en función de cómo te beneficia a ti.

Jesús utilizó el momento de la cena en casa de un fariseo para ilustrarnos la manera en que nuestras palabras pueden contaminarnos. Los líderes religiosos estaban en pie de guerra porque los discípulos de Jesús no se habían lavado siguiendo la tradición de los ancianos. ¡Habían olvidado asearse las manos antes de comer! (Bueno, en mi casa pensamos que es una tradición buena y necesaria.

Quién sabe qué tocan las manos de cuatro niños durante el día). Jerusalén, un centro de múltiples culturas, animales, moscas y saneamiento limitado no era conocida por su limpieza. No era lo que es hoy. Por eso era importante limpiarse antes de comer. Pero Jesús contrastó esa tradición preocupada por la salud con otra aún más importante: "Lo que contamina a una persona no es lo que entra en la boca, sino lo que sale de ella" (Mateo 15:11).

Las manos sucias ensucian la comida, pero este no era el tipo de suciedad que acabaría matándolos. Esta reprimenda ofendió mucho a los fariseos. Ellos eran expertos en la limpieza de la apariencia externa. Más tarde, en privado, Jesús interpretó eso para sus discípulos: "¿No se dan cuenta de que todo lo que entra en la boca va al estómago y después se echa en la letrina? Pero lo que sale de la boca viene del corazón y contamina a la persona" (Mateo 15:17-18).

Cuestiones del corazón

Ahí lo tenemos de nuevo. De la abundancia del corazón acabará hablando la boca. A veces he temido que la mía fuera una cría de víboras. Temía abrir la boca por miedo a que saliera una serpiente de palabras letales.

> Porque del corazón salen los malos pensamientos, los homicidios, los adulterios, la inmoralidad sexual, los robos, los falsos testimonios y las calumnias. Estas son las cosas que contaminan a la persona y no el comer sin lavarse las manos.
>
> —Mateo 15:19-20

Aquí encontramos una lista de malos pensamientos. Jesús enumera el asesinato y el adulterio. ¿No es interesante que ambos aparezcan primero en el corazón? Jesús dijo que si odias a tu hermano, eres un asesino; y si alguien mira a una mujer con lujuria ya ha cometido adulterio con ella en su corazón.

Por lo tanto, son las cuestiones del corazón las que producirán o evitarán las peleas. Detener las cosas antes de que se descontrolen tiene más que ver con lo que ocurre en el interior que en el exterior. Entrar en controversias es como atravesar un río. Nunca sabes lo rápida o traicionera que es la corriente hasta que estás en medio de ella y, en ese momento, te comprometes con el curso que has tomado. Muy a menudo puedo recordar el punto de inflexión de una conversación cuando pasó de bueno a malo o de malo a bueno. Casi podía oír al Espíritu Santo advirtiéndome: "Mantén la calma, baja la voz, responde con suavidad. No digas lo que quieres decir, pero escucha mi voz quieta y serena, y en vez de las tuyas di mis palabras". A veces soy obediente y escucho… otras veces intento escurrir un comentario más antes de obedecer y descubro lo costosa que es mi insensatez. Proverbios 15:1 nos instruye: "La respuesta amable calma la ira, pero la agresiva provoca el enojo".

El secreto para que te escuchen

He encontrado el secreto para que me escuchen. Realmente es muy sencillo: si quieres que te escuchen, di las cosas como te gustaría oírlas. Mis hijos, mi esposo, mis empleados, mi perro, de hecho, todo el mundo me escucha con más atención cuanto más callada y tranquila estoy. Sé que prefiero que me hablen en un tono suave y respetuoso. Oigo mucho mejor cuando no me gritan. No es el nivel de volumen ni la repetición de palabras lo que capta la atención, el respeto y el compromiso de los demás. Es el peso de lo que hablamos y el tono en el que se pronuncia.

SI QUIERES QUE TE ESCUCHEN, DI LAS COSAS COMO TE GUSTARÍA OÍRLAS.

Nadie se toma en serio a una persona que hace escenitas con sus berrinches. Puede que se salga con la suya por el momento, pero más tarde le costará. Armamos berrinches y alzamos la voz por varias razones. He aquí algunas:

1. Tememos que no se nos escuche.
2. Gritar ha producido resultados (es decir, me salí con la mía) en el pasado.
3. Queremos intimidar o controlar a los demás.
4. Es lo que vivimos de niños.
5. Seguimos enfadados por un asunto sin resolver.
6. Es un mal hábito.

La mayoría de esas razones tienen su origen en el miedo. Dios no nos ha dado un espíritu de cobardía, sino de poder, amor y estabilidad mental. Gritamos y lanzamos ataques cuando nos sentimos impotentes. Buscamos intimidar y controlar a los demás cuando nos sentimos egoístas. Volveremos a nuestro pasado cuando el amor perfeccionado aún tenga que echar fuera el miedo. Reaccionaremos de forma exagerada cuando carguemos hoy con el peso de los problemas de ayer. Continuaremos con nuestros malos hábitos si no renovamos nuestras mentes conforme a las verdades de la Palabra de Dios. Siempre cederemos a las tácticas del miedo si fallamos en renunciar al control de Dios e intentamos mantenerlo por nuestra cuenta. Descubrí hace mucho tiempo que, independientemente de cómo parezcan las cosas, yo no las controlo. Puedo controlar a mi persona, pero —en última instancia— Dios tiene el control de todo. El hecho de que nos neguemos a rendirnos y someternos a su verdad y a su voluntad, es una manifestación de incredulidad en nuestra vida. La incredulidad yace en la raíz de cualquier falta de confianza que albergamos en nuestra relación con Dios.

> **CONTINUAREMOS CON NUESTROS MALOS HÁBITOS SI NO RENOVAMOS NUESTRAS MENTES CONFORME A LAS VERDADES DE LA PALABRA DE DIOS.**

Tememos que él no nos libere o resuelva la situación en la medida de nuestro mejor interés, así que nos lamentamos como los hijos de Israel al borde de la tierra prometida: "¿Qué pasa con nuestras esposas e hijos?". Esto se traduce como "¿Qué pasa conmigo? ¿Qué ocurre con los míos?".

Para detener las cosas antes de que se salgan de control, debemos confesar todas y cada una de nuestras áreas de incredulidad y dejar esos asuntos. Debemos comprometernos a establecer, de una vez por todas en nuestros corazones, que si honramos a Dios sometiéndonos a su Palabra, él a su vez la honrará transformando nuestras situaciones. Debemos decidir gobernar nuestros espíritus y vivir de acuerdo con sus estatutos. Debemos dejar de ser necios y abrazar la sabiduría: "El necio da rienda suelta a su ira, pero el sabio sabe dominarla" (Proverbios 29:11).

> PUEDO CONTROLAR A MI PERSONA, PERO —EN ÚLTIMA INSTANCIA— DIOS TIENE EL CONTROL DE TODO.

Es el necio el que da rienda suelta a su ira. Parte de estar enojado sin desahogarse tiene mucho que ver con mantener la calma. Desahogarse" significa "soltar, liberar, descargar o verbalizar". Piensa en esos guardias que vigilan tu boca. Están ahí para vigilar que algunas palabras nunca escapen de tus labios. El hombre sabio tiene los mismos sentimientos y las mismas palabras clamando que se les den voz, pero se guarda; es decir, él tiene el control, no está descontrolado.

> El que mucho habla, mucho yerra; el que es sabio refrena su lengua. Plata refinada es la lengua del justo; el corazón del malvado es de poco valor.
>
> —Proverbios 10:19-20

El desahogo completo suele incluir abundancia de palabras negativas. Observa de nuevo que la mujer sabia podría hablar, desea hablar, pero en vez de eso opta por contener sus palabras. Cuando una persona justa habla, ha elegido cuidadosamente sus palabras: palabras valiosas, no imprudentes ni dañinas. Observa de nuevo el paralelismo trazado entre la lengua y el corazón: boca desenfrenada = corazón malvado; lengua vigilada = corazón sabio. Aún hay otro paso que podemos dar.

Decide pasar por alto las transgresiones

"El buen juicio hace al hombre paciente; su gloria es pasar por alto la ofensa" (Proverbios 19:11). Insisto, ser lento para la ira hace que seas lento para hablar y, por tanto, lento para pecar. El escritor de Proverbios nos dijo que es nuestra "gloria" pasar por alto una

> **BOCA DESENFRENADA = CORAZÓN MALVADO, LENGUA VIGILADA = CORAZÓN SABIO.**

transgresión o una ofensa. Es para honra, alabanza, eminencia y distinción del cristiano pasar por alto una ofensa. Es un ejemplo de que actuamos como lo haría Cristo.

> Pues para esto fuisteis llamados; porque también Cristo padeció por nosotros, dejándonos ejemplo, para que sigáis sus pisadas; el cual no hizo pecado, ni se halló engaño en su boca; quien cuando le maldecían, no respondía con maldición; cuando padecía, no amenazaba, sino encomendaba la causa al que juzga justamente.
>
> —1 Pedro 2:21-23 RVR1960

Solo será posible pasar por alto los insultos, las injurias y las amenazas si antes nos hemos encomendado a nuestro Padre, el Juez justo. A menudo, cuando mis hijos tienen algún tipo de desacuerdo, acuden a nosotros para apelar a nuestro sentido de justicia. "No has limpiado lo suficiente" o "Has estado demasiado tiempo con la computadora". Tu deseo es, por supuesto, primero que se escuche tu causa y, con suerte, salirte con la tuya, y segundo que se haga justicia. John y yo intervendremos y oficiaremos lo mejor que podamos, pero casi nunca verán nuestras llamadas como justas. Esto lleva a la peligrosa situación de que tomen el asunto en sus propias manos. No me refiero a la resolución de conflictos; eso lo fomentamos. Hablo del pago por las ofensas percibidas. "¿Por qué le pegaste a tu hermano?" "Porque él..." Ya has oído esa lista. Cuando les decimos que nos traigan el problema en vez de propinarse un golpe, a menudo oiremos: "Pero la última vez no hiciste nada". Lo que se traduce como que "Decidí que no me gustó la forma en que trataste el asunto la última vez; por lo tanto, en esta ocasión, no voy a arriesgarme. Yo me encargaré".

John y yo somos los primeros en reconocer que cometemos errores como padres, pero la buena noticia es que ¡Dios no los comete! Él es un Juez justo y perfecto. Su ejecución y su sentencia pueden no ser en el momento o de la manera que nosotros sugeriríamos, pero sus maneras son perfectas mientras que las nuestras son defectuosas. Cuando pasamos por alto una ofensa somos como los niños ingenuos que dicen: "Papá, sé que puedo confiarte esto. Es demasiado grande y doloroso para mí. No voy a responder esa ofensa; en vez de eso, la pongo a tus pies y perdono a esa persona". Hacer eso es un gesto propio de la realeza. Es imitar y cobijarnos a la sombra del Hijo de Dios en nuestro andar terrenal. Jesús les dijo a sus discípulos: "Aun si peca contra ti siete veces en un día, y siete veces regresa a decirte que se arrepiente, perdónalo" (Lucas 17:4).

EXAMINA TU CORAZÓN A LA LUZ DE LA PALABRA DE DIOS.

Habrá ofensas en la vida de cada uno de nosotros que tendremos que pasar por alto, lo cual es mirar por encima de ello, decidir ver las cosas a un nivel superior al de la ofensa cometida. Es extender gracia y misericordia donde hubieras preferido ejercer juicio.

A modo de repaso, he aquí algunas de nuestras opciones para detener las cosas antes de que se nos vayan de las manos:

1. Examina tu corazón a la luz de la Palabra de Dios.
2. Resuelve el conflicto existente.

3. Resuelve los asuntos poniéndote de acuerdo con tu adversario.
4. Controla tu lengua.
5. Sé misericordioso.
6. Sé sincero.
7. Responde con suavidad.
8. Habla como te gustaría que te hablaran.
9. Elige bien tus palabras.
10. Pasa por alto las ofensas y confíalas a Dios.

En el próximo capítulo vamos a hablar de las consecuencias físicas de la ira malsana. Insisto, no se puede dejar de enfatizar la importancia de resolver un conflicto de manera saludable.

Padre celestial:

Vengo a ti ahora en el nombre de Jesús. Me doy cuenta de que es posible evitar algunos conflictos. Opto por caminar a la luz de tu verdad y como hijo del Altísimo. Crea en mí un corazón limpio para que pueda escuchar tu voz y no peque contra ti. Quiero, siempre que sea posible, vivir en paz con todos los hombres. Pondré tu Palabra en mi corazón para no pecar contra ti. Espíritu Santo, ayúdame a elegir mis palabras de manera que honren a Dios. Ayúdame a evadir y pasar por alto las ofensas. Sé que algunas veces esto será pequeño e insignificante y otras será demasiado doloroso para olvidar. Padre, decido confiar en ti. Perdona cualquier aspecto de nuestra relación en la que la incredulidad me haya alejado de ti. Renuncio al dominio del miedo y decido caminar con poder, amor y estabilidad mental. Aviva estas verdades en mi espíritu hasta que se conviertan en un hábito como era antes mi ira. Gracias porque eres el Autor y Consumador de mi fe.

12 | VERDADES O CONSECUENCIAS

Se volverá físico

Con los hombros tensos, los dientes apretados y los ojos centelleantes como el acero, su rostro se alza altivo sobre un cuello terciado y volteado con un gesto de arrogancia. Esta mujer se mueve rápida y decididamente entre la multitud. Solo es consciente de los que la rodean en la medida en que ellos son conscientes de ella, y está dispuesta a apartar o reprender a cualquiera que se interponga en su camino. En cierto nivel, en realidad busca el conflicto... eso le da un propósito y la oportunidad de liberar parte de la tensión contenida que siente expandirse en su interior. Cuanto más tarde en liberarla, más incómoda se sentirá y más molestos hará sentir a los demás. Se enfada entre la multitud, en el trabajo, en la iglesia, en su vehículo, en la tienda, en su casa. No encuentra refugio para su ira.

De momento no está segura de querer un refugio. Su rabia la hace sentirse poderosa, fuerte e impenetrable. Nadie sabe cuándo ni dónde volverá a estallar. Ella los mantiene adivinando y deja un rastro de caos a su paso... a ella le gusta que eso sea así.

Cuando todo está fuera de control, ella es la única que lo mantiene. Solo ella sabe lo que realmente está pasando. Conoce un secreto: no importa si todo el mundo cambia, si todo es perfecto, si todo sale como ella quiere... ella seguirá enfadada. Una cosa es estar enojada y molesta por momentos; otra muy distinta es vivir en un perpetuo estado de ira —de combustión lenta—, vivir al borde del punto de ebullición. En un momento puede avivar el fuego y permitir que vuelva a hervir. Empleados, conocidos y seres queridos han aprendido a evitarla a toda costa, pero tratan desesperadamente de complacerla. Los más sabios aprenden que esto nunca sucederá y se apartan de ella. Ella no les dedica ni un pensamiento. No se preocupa: es joven y fuerte, por lo que seguirá adelante con otras relaciones.

Hay otra mujer. Tiene los hombros inclinados hacia delante como si la envolviera un chal en el que se esconde. Sus ojos temerosos buscan algo que la atemoricen y luego vuelven a la expresión inexpresiva de quien lleva demasiado tiempo decepcionada. Su cuello también está inclinado hacia delante, sosteniendo una cabeza pesada por la vergüenza. En contraste, es dolorosamente consciente de quienes la rodean. Imagina que la miran con desprecio y hablan de ella con susurrados despectivos; por eso se acobarda en presencia de ellos. Pero rara vez se fijan realmente en ella. No es una amenaza para ellos, al menos no del modo en que lo es para sí misma. Ella se arrastra por su mundo de desconfianza y miedo, sintiéndose utilizada y maltratada. Los demás controlan su vida. Nada es justo y ella es una víctima... está enojada por eso, pero lo oculta en los confines de sí misma. Allá donde va, el rechazo la persigue como una sombra oscura. Otros han intentado introducirse en su tenebroso mundo para sacarla de él, pero como eran menos que perfectos, ella despreció sus intentos y permaneció en la familiaridad de su solitaria prisión.

"Me han hecho daño una y otra vez, no voy a dejar que me lo hagan más", murmura con determinación mientras va por la vida convertida en un imán con los mismos abusos que teme.

Actitudes del corazón

Aunque parezca improbable, tanto la mujer fuerte y enojada como la débil y abatida se encontrarán un día en situaciones muy similares. Es más que probable que ambas estén solas, aunque sean casadas, porque no poseen los ingredientes básicos para una verdadera intimidad. Pasan los años y puede que se crucen por la calle y vean reflejadas profundas líneas de expresión que pesan sobre la piel encanecida antes de tiempo, manos con garras en vez de uñas, espaldas encorvadas bajo algún peso invisible. Tal vez se pregunten: "¿No es esto el derivado natural del envejecimiento?".

Sí y no. Nadie puede evitar el paso de los años y la atracción de la gravedad. Pero nuestras respuestas a cómo pasan esos años determinan la rapidez de nuestra sonrisa, la luz de nuestros ojos y la suavidad de nuestros contornos. Las actitudes de nuestros corazones se graban más que lo que dura la ilusión que brindan los cosméticos.

"Un corazón alegre alegra el rostro, pero el dolor aplasta el espíritu" (Proverbios 15:13). Lo alegre siempre superará a lo bello. La belleza es efímera, pero un semblante amable y gentil perdura. Es posible que tengas un rostro alegre independientemente de tu edad. Su brillo suavizará los efectos del paso de los años. Tu rostro puede estar delineado por reiteradas sonrisas o por repetidos ceños fruncidos. Puedes elegir la expresión inconsciente de tu rostro en reposo, aquella a la que vuelves cuando nadie te ve. Esta expresión reflejará lo que entretengas en tus momentos de conversación interior o en las meditaciones de tu corazón. Lo contrario también es cierto: "Con

LO ALEGRE SIEMPRE SUPERARÁ A LO BELLO.

el viento del norte vienen las lluvias; con la lengua viperina, las malas caras" (Proverbios 25:23).

Las palabras feas que brotan de un corazón amargado producen un semblante airado con tanta seguridad como los vientos del norte traen la lluvia. Recuerda, Jesús nos dijo que no es lo que entra en el hombre sino lo que sale de él lo que lo contamina. Cuando permitimos que nuestra boca vomite amargura sin control, esta no puede evitar mostrarse en nuestro rostro.

Si adoptas neciamente la rabia como una prenda de fuerza o te escondes en el pasado envuelto en asuntos sin resolver, inevitablemente y con el tiempo eso te drenará la vida misma. Destruirás las relaciones a tu alrededor, luego te volverás a tu interior y finalmente te autodestruirás. Esto es cierto independientemente de si infliges tu ira a los demás o a ti mismo.

> **LA IRA HABITUAL SIEMBRA SOSPECHAS Y MIEDO DONDE DEBERÍA HABER CONFIANZA; VIOLENCIA DONDE DEBERÍA HABER SEGURIDAD; Y HOSTILIDAD DONDE DEBERÍA HABER INTIMIDAD.**

La ira o la rabia impías hacen que te alejes y distancies a los mismos que necesitas y anhelas acercarte. Todos necesitamos una atmósfera de relaciones de apoyo para florecer y crecer a lo largo de nuestra vida. La ira habitual siembra sospechas y miedo donde debería haber confianza; violencia donde debería haber seguridad; y hostilidad donde debería haber intimidad.

La naturaleza de la mujer

Como mujeres, nuestra propia naturaleza y diseño físico están configurados pensando en la crianza y la ternura. No estamos construidas con bordes duros sino con curvas suaves. Somos creadas inicialmente con una mayor capacidad de ternura y compasión que los hombres. Sentimos tanto el amor como el dolor más profundamente en nuestro ser. Somos más empáticas que los hombres y podemos conmovernos hasta llorar y derramar lágrimas por el dolor, las luchas y las pérdidas de personas completamente desconocidas. Cuando no se nos permite expresar esas emociones en forma válida, corremos el riesgo de explotar interior o exteriormente.

Cuando vamos en contra de nuestro diseño original o fin creacional, en realidad, peleamos físicamente contra nuestros cuerpos. Las mujeres han sido creadas para ser sanas y apasionadas, cariñosas y compasivas. Violamos el papel vivificante, fortalecedor y de apoyo en nuestras vidas cuando no somos eso. Las mujeres pueden desempeñar ese papel tanto si están casadas como si son solteras. Tengo una amiga, Mary, que siempre es solidaria y estimulante en sus interacciones con los demás. Dice la verdad con amor, lo que significa que habla de manera que se la pueda escuchar. Es mansa y amable, pero fuerte. Es una sierva del Señor centrada que vive para servir a los demás. Es soltera, pero practica a diario los principios de la mujer piadosa. Si carecemos de esos principios, se hacen patentes en nuestro papel de ayudante o esposa.

He aquí dos de mis azotes menos favoritos de las Escrituras. Me las citaban a menudo en mis días de recién casada: "Más vale habitar en un rincón de la azotea que compartir el techo con mujer pendenciera" (Proverbios 25:24). O la otra versión mucho *menos* atractiva: "Más vale habitar en el desierto que con mujer pendenciera y de mal genio" (Proverbios 21:19).

Vivir en un rincón de una azotea significaría exponerse a los extremos de todos los elementos. La azotea no proporciona refugio contra la lluvia, la nieve, el viento ni el sol inclemente. Salomón nos estaba diciendo que es mejor vivir en esas condiciones que compartir la comodidad y el cobijo de una casa con una esposa pendenciera. Hay más peligro y daño bajo la azotea que encima de ella. Solía discutir con John que en aquella época utilizaban la azotea como una especie de alternativa al porche, pero me resultaba difícil explicar el énfasis de esta Escritura. Es mejor vivir en el desierto o en el páramo con las serpientes y los escorpiones, por no mencionar la falta de vegetación o de humedad, así como la exposición a los duros elementos, que con una esposa enfadada, gruñona y pendenciera. Esta beligerancia se vuelve agotadora... no solo para los demás, sino también para nosotras mismas.

Salud del corazón

"El corazón alegre es un buen remedio, pero el ánimo decaído seca los huesos" (Proverbios 17:22). La Biblia nos da una visión asombrosa de la fuente de nuestra salud. La humedad se encuentra en la médula o centro de los huesos. Es allí donde se fortifican el sistema inmunológico y las células sanguíneas. Nuestra vida está en la sangre, la cual se fortifica a partir de la médula de nuestros huesos. Si los huesos se secan, la fuente misma de nuestra vida se ve afectada. Esto se confirma de nuevo en Proverbios 14:29-30: "El que es paciente muestra gran inteligencia; el que es agresivo muestra mucha insensatez. El corazón tranquilo da vida al cuerpo, pero la envidia carcome los huesos".

EL CORAZÓN EN PAZ VIVIFICA AL CUERPO, MIENTRAS QUE LA ENVIDIA O LA MALA VOLUNTAD CORROMPEN O PUDREN LOS HUESOS.

La Biblia contrasta la paciencia con un temperamento rápido —o irritable— y la paz con la envidia. La paciencia da comprensión, mientras que el temperamento irritable hace evidente toda la insensatez de la propia vida. El corazón en paz vivifica al cuerpo, mientras que la envidia o la mala voluntad corrompen o pudren los huesos. ¿Acaso no es asombroso que algunas formas de cáncer se traten con un transplante de médula ósea? La salud de nuestra médula ósea es crucial. Pero, ¿qué puede haber más oculto? Encerrada en un duro caparazón de color blanco y rodeada de músculos, órganos y kilómetros de arterias, si hay un problema de médula ósea suele ser difícil de detectar sin análisis especiales. Los huesos son el soporte estructural de nuestro cuerpo. Son el armazón por el que nos mantenemos en pie y sin el que nos caemos.

La Biblia confirma que existe una relación real y siempre presente entre el corazón y la salud. No estoy insinuando que todas las personas enfermas tengan un problema cardiaco subyacente. En verdad, muchos enferman o mueren siendo jóvenes e inocentes. Vivimos en un mundo caído que está plagado de maldición por la enfermedad y la dolencia. Lo que estoy diciendo es que la amargura, la falta de perdón, la ira no resuelta y otros problemas del corazón afectan directamente al sistema inmunológico de los individuos. En su libro *Make Anger Your*, Neil Clark Warren informa que el resentimiento es el más frecuentemente relacionado con las dolencias punitivas —o padecimientos relacionados con castigos—, y la frustración le sigue de cerca. Enumera una muestra de esas dolencias comunes provocadas por la ira no resuelta: dolores de cabeza, problemas estomacales, resfriados, colitis e hipertensión.

Otros estudios incluyen afecciones que van desde tipos de artritis, diversas afecciones respiratorias, enfermedades de la piel, problemas de cuello y espalda, hasta cáncer. Soy consciente de que la genética y otras cuestiones ambientales influyen en cosas como el estilo de vida y la dieta, pero la Biblia ha declarado hace siglos lo que el hombre está descubriendo ahora que es verdadero. Proverbios 3:5-8 contiene una riqueza de sabiduría en cuanto a cómo debemos vivir:

Confía en el Señor de todo corazón y no te apoyes en tu propia inteligencia. Reconócelo en todos tus caminos y él enderezará tus sendas. No seas sabio en tu propia opinión; más bien, teme al Señor y huye del mal. Esto infundirá salud a tu cuerpo y fortalecerá tus huesos.

Aquí tenemos una promesa: Si vivimos según el plan sanitario de Dios, él dice que ha de traer salud a nuestros cuerpos y alimento a nuestros huesos. Una vez más Dios va a la raíz del asunto. No solo proporciona salud para el cuerpo; además proporciona un futuro de salud al nutrir nuestros huesos.

Los trastornos alimentarios son, a menudo, resultado de problemas de ira no resueltos. La persona ha sido profundamente violada, por lo que quiere retirarse y desaparecer. A menudo aún no han encontrado una salida válida y sana para su ira, así que se castigan a sí mismos. Esta respuesta al rechazo llega a ser tan torturante como cualquiera pueda imaginar. Luchamos contra un enemigo que no podemos ver con una voz de la que sentimos que no podemos escapar. Lo entiendo porque he vivido esa mentira. (Si este es un problema para ti, mi libro *Yo Are Not What You Weigh* [*Vales lo que pesas*] puede serte de gran ayuda).

Si eres más joven puede que no hayas visto los efectos físicos de la ira descontrolada, pero si eres mayor, lo más probable es que sí. Dado que ataca la base misma de nuestro sistema inmunológico, es importante que prestemos atención a las advertencias. He aquí una

LOS TRASTORNOS ALIMENTARIOS SON, A MENUDO, RESULTADO DE PROBLEMAS DE IRA NO RESUELTOS.

Escritura con imágenes vívidas: "Como ciudad sin defensa y sin murallas es quien no sabe dominarse" (Proverbios 25:28). Y la versión Reina Valera 1960 dice: "Como ciudad derribada y sin muro es el hombre cuyo espíritu no tiene rienda".

Muros insalvables

En tiempos bíblicos, se erigían murallas alrededor de las ciudades como recurso de protección. Era un obstáculo que mantenía a raya a los animales salvajes y a los enemigos. Aunque es un concepto desconocido para nosotros, esas antiguas ciudades estaban rodeadas por todos lados por muros infranqueables. Servían de advertencia a los extraños: "No se les permitirá entrar hasta que comprobemos que son fiables", además de servir de barrera de protección a los que vivían dentro de sus muros. Las puertas de la ciudad se cerraban cada noche y se volvían a abrir por la mañana. Los habitantes de las ciudades aprendieron a confiar en las murallas y en los guardianes de las puertas para protegerse de los invasores y del vandalismo. Esas murallas ponían en cuarentena los estragos de las enfermedades de los demás ciudadanos. Incluso actuaban como barreras contra el viento, la lluvia y las tormentas del desierto.

A la luz de esto, imagínate una ciudad sin murallas, en la que se ha irrumpido y saqueado a voluntad. Los enemigos y los invasores entran y salen a su antojo. Durante el día la ciudad está a merced de ladrones, bandidos y ejércitos enemigos. No hay lugar donde esconder nada de valor. Los chacales y las criaturas salvajes hurgan en las ruinas en la oscuridad, convirtiéndola en una morada del terror. La enfermedad y la dolencia entran y salen de sus sombras. ¿Quién querría vivir donde no hay protección… donde no hay refugio?

Cuando no gobernamos nuestro espíritu, habitamos precisamente en un lugar sombrío. Nuestro corazón ya no es un remanso de seguridad y paz, sino que se convierte en una ciudad violada y saqueada. Huimos de un intruso, por un lado, solo para ser invadidos por otro que viene del lado contrario. Nuestra protección es una preocupación constante, pero una realidad imposible. Todo lo que tiene un valor real se lo han llevado y hemos quedado reducidos a una guardia de seguridad territorial. El enemigo va y viene a su antojo, traspasando los parámetros interiores y exteriores de nuestra vida. La frustración se convierte en el pan nuestro de cada día, y la tristeza y el arrepentimiento en nuestra porción. Tras años de defender esa ciudad indefendible, muchos de nosotros nos retiraremos a un rincón sombrío en medio de los escombros para escondernos entre las ruinas.

¿Y qué pasa ya te has dado cuenta de que la muerte y la vida están en poder de la lengua y no estás disfrutando del fruto que comes? Saliste de la tierra de Egipto enfadado y maldiciendo, no bendiciendo. En vez de encontrar la tierra prometida, te has encontrado a ti mismo, a tu matrimonio y a tus relaciones en un desierto de ruinas. Toda fortaleza en la que esperabas confiar se ha derrumbado. El propio templo de tu cuerpo físico está sufriendo los estragos de los años de ira descontrolada y los comentarios odiosos. ¿Qué te queda? ¿Cómo se puede reconstruir la ciudad en ruinas? Después del arrepentimiento viene la reconstrucción. Te has arrepentido; ahora es el momento de iniciar el proceso de curación.

La curación

"La lengua que brinda alivio es árbol de vida; la lengua perversa deprime el espíritu", según Proverbios 15:4. Sustituye tu lengua perversa por palabras que sanen. Comienza a hablar palabras de vida en cuanto a tus situaciones. Aprende la Palabra de Dios y cómo se aplica a tu matrimonio, tu trabajo, tus hijos y tus amistades. Comienza a bendecir estas áreas de tu vida y niégate a maldecirlas. Permite que la Palabra de Dios transforme tu alma y cosecharás los beneficios físicamente.

El apóstol Juan escribió a su amigo Gayo: "Querido hermano, oro para que te vaya bien en todos tus asuntos y goces de buena salud, así como prosperas espiritualmente" (3 Juan 1:2).

Tu salud se ve afectada por el bienestar de tu alma. No hay forma posible de separar ambas cosas. Están íntimamente entrelazadas. Aunque las palabras no inflijan inmediatamente un daño físico, la Biblia las compara con un arma letal.

El charlatán hiere con la lengua como con una espada, pero la lengua del sabio brinda sanidad.

—Proverbios 12:18

Casi puedo imaginarme a un adversario furioso atacando y agrediendo a otro. Las palabras fuertes y airadas van acompañadas de dolorosas puñaladas. Veo un pinchazo en el hombro, otro en el estómago y uno con una marca en la parte superior del brazo. La víctima se queda primero atónita y luego horrorizada, mientras se desliza por la pared hasta quedar sentada en el suelo. Se revisa y ve que la sangre mancha toda la parte superior de su cuerpo. Se siente desfallecido y débil, por lo que cierra los ojos un momento. Se encuentra envuelto en una bruma negra y borrosa.

Entonces oye otra voz. Es suave y apacible. Siente que una niebla cálida y dorada comienza a introducirse en la oscuridad. Las palabras sanadoras están anulando las mismas que se pronunciaron para herirlo. Siente que un calor suave calma el dolor frío y ardiente. Cada palabra agradable tiene un efecto reparador en él. Despierta como de un sueño y se encuentra curado y calmada la herida de las palabras.

SUSTITUYE TU LENGUA PERVERSA POR PALABRAS QUE SANEN.

> Panal de miel son las palabras amables: endulzan la vida y dan salud al cuerpo. Hay un camino que al hombre le parece recto, pero acaba por ser camino de muerte.
>
> —Proverbios 16:24-25

A menudo nos parecerá correcto expresar francamente nuestras quejas para permitir que nuestras emociones ocupen el centro del escenario y se desplieguen por completo. Pensamos que al soltar esas palabras nos estamos liberando e informando a los demás, pero —en realidad— nos estamos hiriendo tanto a nosotros mismos como a los demás. Sin darnos cuenta, nuestros pies se han apartado del camino de la vida y se han dirigido hacia el de la muerte.

No hay forma de evitar la conexión entre la ira malsana y la calidad de la salud que disfrutamos. Es imperativo que permitas que Dios te libere de cualquier enredo o trampa que pueda haberse producido como resultado de arrebatos pasados o palabras injuriosas. No importa si las pronunciaste o si fueron lanzadas

NO HAY FORMA DE EVITAR LA CONEXIÓN ENTRE LA IRA MALSANA Y LA CALIDAD DE LA SALUD QUE DISFRUTAMOS.

como misiles hacia ti por otra persona. También debemos incluir la fuerza insidiosa de las palabras autodestructivas que tan a menudo utilizamos contra nosotros mismos. Ejemplos de ello serían: "A nadie le importo, realmente. Al final estaré solo y me traicionarán". "Soy fea y gorda. ¿Por qué iba a importarle a alguien?".

Estas palabras hieren y refuerzan las reacciones e imágenes negativas en nuestras vidas. Edifican una fortaleza de dolor a través de la cual se procesa cada pensamiento y cada acción. Oremos:

Querido Padre celestial:

Vengo a ti en el nombre de Jesús. Sé que mis palabras, a veces, han sido imprudentes e injuriosas no solo para los demás sino también para mí misma. Señor, que mi lengua se convierta en un instrumento de sanidad. Que mis palabras sean agradables como un panal, y sanadoras y restauradoras para el alma. Sana mis propios huesos, y dame salud y fuerza en el núcleo fundacional de mi estructura y de mi sangre. Que toda podredumbre sea sustituida por vida. Permite que cualquier amargura sea eliminada de mi vida y, a la vez, utilízame como instrumento de sanación en la vida de los demás. Permíteme bendecir a aquellos que han sido maldecidos. Enséñame a bendecir a los que me maldicen. Mientras cuido mi boca reconstruye los muros de protección alrededor de mi vida. Me alimentaré de tu bondad, porque "Al encontrarme con tus palabras, yo las devoraba; ellas eran mi gozo y la alegría de mi corazón, porque yo llevo tu nombre, Señor Dios de los Ejércitos" (Jeremías 15:16).

13 | OLVÍDALO

En este punto ya has perdonado a los demás, has confesado tus pecados y has abrazado la verdad. Ahora viene el siguiente paso: Debes liberarte. Sé que esto es posiblemente más difícil que cualquier otra cosa, pero es un elemento clave para tu salud emocional, física y espiritual. En lo particular, a menudo sentía que debía castigarme por mi comportamiento antes que permitirme ser purificada. Quería que el peso de la culpa me doblegara y me diera forma para no volver a hacerlo. Pero la culpa no nos cambia. Quería sentir juicio pero, en lugar de eso, encontré la misericordia de Dios.

En la misericordia de Dios

¿No ves que desprecias las riquezas de la bondad de Dios, de su tolerancia y de su paciencia, al no reconocer que su bondad quiere llevarte al arrepentimiento?

—Romanos 2:4

Es la bondad y la amabilidad de Dios lo que nos lleva al arrepentimiento. Esto va en contra de todo lo que llevamos dentro. Queremos ser castigados cuando fallamos. Queremos pagar; para sentirnos liberados de nuestra culpa. Dios extiende su misericordia para cubrir lo que debería ser nuestro juicio. No entendemos ese concepto. Estamos más orientados al "ojo por ojo" y al "diente por diente". Nos paramos sobre la figura acurrucada de nuestra vergüenza y esperamos que Jesús proclame el juicio y nos rechace. La ley y el acusador de los hermanos siempre piden juicio mientras que el Espíritu concede misericordia. Quiero que leas de nuevo este relato de una mujer evidentemente culpable y la respuesta de Jesús a ella:

> Entonces, los maestros de la Ley y los fariseos llevaron a una mujer sorprendida en adulterio y, poniéndola en medio del grupo, dijeron a Jesús: "Maestro, a esta mujer se le ha sorprendido en el acto mismo de adulterio. En la Ley Moisés nos ordenó apedrear a tales mujeres. ¿Tú qué dices?". Con esta pregunta le estaban tendiendo una trampa, para tener de qué acusarlo. Pero Jesús se inclinó y con el dedo comenzó a escribir en el suelo.
>
> —Juan 8:3-6

Observa que su verdadera preocupación no era la búsqueda de la verdad sino atrapar a Jesús. Creo que este siempre es el motivo de la naturaleza carnal así como el objetivo del acusador de nuestras almas. A él no le interesa tanto desacreditarte como degradar la obra y la validez de Cristo. Esos líderes religiosos no tenían una preocupación genuina por la salvación de la mujer. Debo decirte que las voces acusadoras que escuchas no tienen una verdadera preocupación por ti, tu familia o por tu calidad de vida. Solo quieren negar la obra de Cristo en tu vida y ponerte bajo el juicio de la ley. Fíjate, al principio Jesús ni siquiera respondió a esos líderes religiosos. Así que apartó los ojos de su mirada condenatoria y odiosa.

Pero Jesús se inclinó y con el dedo comenzó a escribir en el suelo. Y como ellos lo acosaban a preguntas, Jesús se incorporó y les dijo: "Aquel de ustedes que esté libre de pecado, que tire la primera piedra". E inclinándose de nuevo, siguió escribiendo en el suelo.

—Juan 8:6-8

No sabemos con certeza lo que escribió en el polvo. He oído a algunos líderes decir que él estaba escribiendo los nombres de las mujeres con las que esos maestros y fariseos habían pecado. Otros han dicho que escribía los otros mandamientos para recordarles sus pecados. Por la razón que sea, eso no está registrado, pero su respuesta a ellos permanecerá para siempre: "Si alguno de ustedes está libre de pecado, que sea el primero en tirarle una piedra". Obviamente, esos hombres se sentían extremadamente santurrones mientras arrastraban por las calles a esa mujer pecadora y la exhibían para que Jesús la juzgara. Pero todo el ambiente cambió. Sus voces airadas se acallaron cuando sus propios corazones empezaron a condenarlos. Empezaron a temer que ese joven rabino comenzara a anunciar los nombres para que todos los oyeran. Temerosos de mirarlo a los ojos, se fueron uno por uno.

Al oír esto, se fueron retirando uno tras otro comenzando por los más viejos, hasta dejar a Jesús solo con la mujer, que aún seguía allí.

—Juan 8:9

Fíjate, son los mayores los que se fueron primero. Sé que soy mucho más misericordiosa ahora que soy mayor que cuando era joven. A menudo, los mayores han aprendido por experiencia a no juzgar con demasiada dureza ni con mucha rapidez. Tienen más años de errores a sus espaldas y han suavizado su celo a la hora de juzgar. Han visto los estragos del odio y de las relaciones rotas. Ahora la mujer se quedó sola ante Jesús. Sus acusadores se habían ido y, sin embargo, ella se quedó.

Entonces él se incorporó y le preguntó: "Mujer, ¿dónde están? ¿Ya nadie te condena?". "Nadie, Señor". Jesús dijo: "Tampoco yo te condeno. Ahora vete, y no vuelvas a pecar".

—Juan 8:10-11

Cuando todas las voces acusadoras y condenatorias fueron acalladas, ella esperó ante el Señor para escuchar lo que él pudiera decir. Él la interrogó sobre el paradero de sus acusadores. Ella respondió que ya no quedaba ningún hombre que la acusara. Habiendo sido liberada de la acusación del hombre, Jesús le extendió entonces la misericordia de Dios: "Tampoco yo te condeno". La liberó del peso de su pecado y de su esclavitud, y luego la amonestó para que abandonara su vida de pecado. Ese "vete, y no vuelvas a pecar" siempre va precedido de la misericordia y el perdón. Sin estos es imposible que nos alejemos de nuestro estilo de vida rabioso. Luego Jesús volvió a dirigirse a la multitud y dijo:

Yo soy la luz del mundo. El que me sigue no andará en oscuridad, sino que tendrá la luz de la vida.

—Juan 8:12

La luz de nuestro mundo

Jesús se llamó a sí mismo la Luz del Mundo. Imagínate qué declaración tan audaz fue esa. Luego invitó a la gente a seguirlo y a dejar sus caminos de oscuridad para andar en la luz de la vida. Al parecer, algunos fariseos se habían quedado por allí.

A MENUDO, LOS MAYORES HAN APRENDIDO POR EXPERIENCIA A NO JUZGAR CON DEMASIADA DUREZA NI CON MUCHA RAPIDEZ.

Los fariseos lo desafiaron: "Tú te presentas como tu propio testigo —alegaron los fariseos—, así que tu testimonio no es válido" (Juan 8:13). Acudieron a él para que la juzgara y luego le dijeron que su testimonio no era válido. Su protesta muestra que no fueron a él por lo que era sino por su alevosa intención de exponerlo.

> —Aunque yo sea mi propio testigo —respondió Jesús—, mi testimonio es válido, porque sé de dónde he venido y a dónde voy. Pero ustedes no saben de dónde vengo ni a dónde voy.
>
> —Juan 8:14

Jesús era la única Persona viva que realmente sabía de dónde venía y a dónde iba. Conocía su propósito y su destino. Sabía que era el Hijo de su Padre. Los fariseos que se habían reunido pensaban que eran hijos de Abraham y descendientes de Moisés, pero —en realidad— estaban motivados por su padre el diablo. No conocían la norma del cielo, solo la ley de los hombres.

> Ustedes juzgan según criterios humanos; yo, en cambio, no juzgo a nadie. Y si lo hago, mis juicios son válidos porque no los emito por mi cuenta, sino en unión con el Padre que me envió.
>
> —Juan 8:15-16

Les estaba revelando un secreto: no era su juicio sino el del Padre. En este caso él no había acusado ni juzgado, sino que al perdonar había liberado a la mujer del juicio. La misericordia hizo libre a la mujer. Bajo la ley de Moisés debería haber sido condenada a muerte, pero Jesús comprendió que pronto moriría como sacrificio por el pecado de ella.

Incluso ahora él no condena. Nos mira y proclama: "Vete, y no vuelvas a pecar". Estoy seguro de que la adúltera se maravilló ante la revelación del perdón después de ser tan dolorosamente consciente de su pecado y de su ver-güenza. Los fariseos y los maestros de la ley pensaron que la habían lleva-do al lugar de la condenación, pero

"AHORA VETE, Y NO VUELVAS A PECAR".

descubrieron que no la habían llevado ante un juez sino ante la Verdad misma: "Y conocerán la verdad, y la verdad los hará libres" (Juan 8:32).

Esta mujer tuvo un encuentro con la Verdad inmediatamente después de haber tenido otro encuentro —desesperado— con la ley. Aquello para lo que la ley era impotente, la Verdad lo hizo posible. Al pronunciar su palabra, la mujer fue liberada en un instante de una vida de pecado y vergüenza.

> —Les aseguro que todo el que peca es esclavo del pecado —afirmó Jesús—. Ahora bien, el esclavo no se queda para siempre en la familia; pero el hijo sí se queda en ella para siempre. Así que, si el Hijo los libera, serán ustedes verdaderamente libres
>
> —Juan 8:34-36

La convirtió de esclava en hija y le dio un lugar permanente en la familia. Ya no encontraría su identidad en los brazos de los hombres; había experimentado los brazos del amor. Jesús se había revelado como perdonador del pecado y liberador de la oscuridad.

Libérate

Es probable que no seas culpable de adulterio ni hayas sido expuesto públicamente en el propio acto de un pecado, pero estoy segura de que has oído el coro de acusadores. Te has encontrado sin esperanza en un tribunal de la vergüenza rodeado de aquellos que se apresuraban a señalar tu pecado. Sin embargo, el Hijo te liberó... ahora eres verdaderamente libre. Has confesado, ahora debes irte de ese lugar de pecado, vergüenza y acusación, dejarlo atrás y no pecar más. Debes dejar el tribunal del hombre, con toda su condenación, y caminar en la luz de Dios. La mayoría de las veces no habrá acusadores físicos involucrados en tu batalla.

Esta se librará en tu mente y la voz que te acuse será la tuya. Pero si Dios dice que no estás condenado y eres libre, debes caminar en esa verdad.

Nunca podremos sentirnos justos porque en nosotros mismos —y por nosotros mismos— no hay justicia que pueda presentarse ante un Dios santo. No obramos la justicia de Dios a través de nuestras obras ni de nuestro comportamiento sino solo en Cristo.

> Esta justicia de Dios llega, mediante la fe en Jesucristo, a todos los que creen. De hecho, no hay distinción, pues todos han pecado y están privados de la gloria de Dios, pero por su gracia son justificados gratuitamente mediante la redención que Cristo Jesús efectuó.
>
> —Romanos 3:22-24

No hay pecado tan grande que la sangre de Jesús no pueda limpiar y dejarlo blanco como la nieve. Él perdona nuestro pecado y quita la mancha de la culpa para que no tengamos necesidad de volver a nuestros fracasos pasados. Siempre nos irá mejor cuando apartemos la vista de nuestros fracasos y errores pasados, y elevamos nuestra mirada hacia él:

> "Olviden las cosas de antaño; ya no vivan en el pasado".
>
> —Isaías 43:18

Esta es la belleza y el misterio del nuevo nacimiento. El hoy ya no está atado al ayer. Somos libres para entrar en una nueva forma de vida, limpiados por la misericordia que es nueva cada mañana. Con demasiada frecuencia tememos ser rechazados, que nuestro problema sea demasiado grande o nuestro pecado demasiado grave.

NO HAY PECADO TAN GRANDE QUE LA SANGRE DE JESÚS NO PUEDA LIMPIAR Y DEJARLO BLANCO COMO LA NIEVE.

Sin embargo, incluso ahora él te está conquistando y te está llamando para que dejes a un lado todas tus defensas y simplemente creas.

No temas, porque no serás avergonzada. No te turbes, porque no serás humillada. Olvidarás la vergüenza de tu juventud y no recordarás más la deshonra de tu viudez.

—Isaías 54:4

Jesús no quiere que temamos a la humillación ni a la vergüenza. Quiere que lo honremos como santo, justo y verdadero. Nuestra ira, incluso con nosotros mismos, nunca podrá obrar la justicia de Dios en nuestras vidas. Por tanto, ¿qué puedes lograr si continúas negándote a perdonarte a ti mismo? ¿Qué beneficio puedes tener? Nada más que autodesprecio y destrucción. Libérate humildemente y ríndete ahora a su tierna misericordia. Tenemos su promesa y podemos esperar que esta sea su respuesta para nosotros: "Tú, Señor, eres bueno y perdonador; tu gran amor se derrama sobre todos los que te invocan" (Salmos 86:5). Es hora de invocarlo.

> *Padre celestial:*
> *Vengo a ti en el nombre de Jesús. Perdóname por permanecer en el tribunal humano de la vergüenza y acusarme según sus normas. Señor, acojo tu misericordia. Permitiré que triunfe sobre cada área de juicio en mi vida. Abandono este lugar de culpa y autodesprecio y me levanto para no pecar más. Nunca podría castigarme lo suficiente como para ganarme lo que tú has dado tan gratuitamente con el sacrificio de tu vida. Lávame de nuevo en tu sangre. Me perdono por todos los errores que he cometido. Confieso mi tendencia a la justicia propia; me aparto de ella y abrazo la tuya. En este momento comienzo una nueva página de mi vida. Gracias, Padre, por tu bondad y tu amabilidad, que me han llevado verdaderamente al arrepentimiento.*

14 | PONLO EN PRÁCTICA
MANTÉN TU PASIÓN
SIN PERDER LA CALMA

Estimados hermanos, pongan esto en práctica ante cada situación: tengan sus oídos siempre prestos para escuchar, guarden su lengua de hablar apresuradamente, y dejen a un lado el enojo. La ira humana no produce la justicia de Dios.

—Santiago 1:19 BEM

Qué afirmación tan profunda. La ira del hombre no logra el justo propósito de Dios, sin embargo, muy a menudo esta es exactamente la justificación de nuestra indignación. Ocurre una injusticia de cualquier tipo y queremos que se corrija. Pero la ira nunca será la solución para ninguna causa justa. Dios no utiliza el vehículo de *nuestra ira* para servir a sus propósitos. La verdad es que hemos intentado utilizar nuestra rabia para servir a nuestros propios fines. Erróneamente hemos pensado que ella nos protegería, nos proveería, nos guiaría y nos daría poder. En vez de eso, se ha vuelto contra nosotros y nos ha atacado, robado, engañado y aislado.

Camina en la verdad

Conocemos la verdad, por lo que ya es el momento de caminar en ella y de ser liberados. Es mi oración que este último capítulo te equipe para estructurar tu estudio de la Palabra y te dará aplicaciones prácticas y personales. He resumido lo que espero que sean directrices útiles en los seis pasos siguientes:

1. Decide no reaccionar exageradamente con ira. Determina ejercer la ira constructiva. Esta debe ser una elección y una decisión conscientes. Debes disponer tu corazón y tu mente a cambiar, a apartarte de tus viejas costumbres, patrones y hábitos, y permitir que la Palabra de Dios te transforme. Esto no difiere de cuando decidiste seguir a Jesús. El primer paso es el arrepentimiento o volverte de un camino a otro. A los hijos de Israel se les dio precisamente esa elección: "Hoy pongo al cielo y a la tierra por testigos contra ti, de que te he dado a elegir entre la vida y la muerte, entre la bendición y la maldición. Elige, pues, la vida, para que vivan tú y tus descendientes" (Deuteronomio 30:19).

Al principio será una decisión deliberada, casi mecánica, que tomarás en respuesta a todas y cada una de las situaciones que se te presenten y que te enfaden o molesten. Por ejemplo, hace poco nos mudamos de Orlando a Colorado. Hacía casi veinte años que no conducía en medio de la nieve. Me crié en Indiana y había memorizado ciertas reacciones a la conducción sobre hielo, pero las había olvidado por falta de práctica. El primer invierno que pasé en esas malas condiciones, perdí temporalmente el control de mi auto. Giré dando volantazos por todos lados. Sin pensarlo oí lo siguiente: *Gire el volante en la dirección del deslizamiento.* Lo que había aprendido hacía años volvió a mí sin ningún esfuerzo por mi parte, y pude volver a poner el vehículo bajo control.

2. Permítete dar un paso atrás en lo que te ha ocurrido antes de reaccionar. Proverbios 29:20 nos advierte: "¿Te has fijado en los que hablan sin pensar? ¡Más se puede esperar de un necio que de gente así!". Soy estudiosa de las Escrituras y he aprendido que Dios no ofrece mucha esperanza a los necios. Para ser eficaz hay que responder a la pregunta por qué. ¿Qué pasa en un encuentro o situación que te molesta tanto? ¿Es una cuestión de control? ¿Es un asunto de miedo? ¿Tiene que ver con heridas no resueltas? ¿Sientes que te violaron? A menudo, la razón es obvia y no hay necesidad de profundizar en busca de respuesta, pero aun así necesitas reorganizarte antes de responder. Por ejemplo, si uno de mis hijos me habla irrespetuosamente, no me gustará; pero no necesito averiguar por qué. Sin embargo, sí necesito elegir cuidadosamente mi respuesta. Enfadarme y faltarles al respeto a cambio no será un ejemplo de piedad para sus vidas. Solo se sentirán justificados si les respondo bruscamente. Necesito responder de una manera que los ayude a darse cuenta de que su comportamiento no es aceptable y que tienen que averiguar *por qué* y resolverlo. A menudo esto tiene su origen en un mal hábito. Pero si mi reacción es más profunda que esto, debo frenarme y observar más de cerca.

3. Asume tu responsabilidad. Recuerda que la responsabilidad es algo bueno. No es algo que deba evitarse, al contrario, debe abrazarse. Es el poder, la capacidad o la habilidad para responder. Cuando culpas a los demás de sus reacciones, te reduces a un esclavo de tus caprichos o acciones. Sé responsable y asume tanto tus buenas como tus malas respuestas. El apóstol en 1 Pedro 5:6 nos exhorta a "Humíllense, pues, bajo la poderosa mano de Dios para que él los exalte a su debido tiempo". La humildad es parte integral de asumir responsabilidades.

La responsabilidad y la confesión van de la mano. Como hemos dicho, confesar significa admitir algo, decir humildemente que es culpa tuya y resistirte a la tentación siempre presente de culpar a otro. La humildad se ocupa de su parte en el rompecabezas sin preocuparse por la reacción de los demás. También es un abandono de uno mismo a merced de Dios. Con la humildad lo que dices es lo siguiente: "Dios, confío en ti que en que si me humillo, tú me sacarás de esta situación y pondrás mis pies en terreno más alto".

4. Aprende de tus errores. Esto es, en realidad, un derivado natural de asumir responsabilidades. Siempre que asumes una responsabilidad estás en posición de crecer a partir de tus errores. Proverbios 24:16 nos anima: "Porque siete veces podrá caer el justo, pero otras tantas se levantará; los malvados, en cambio, se hundirán en la desgracia". Los malvados no deciden levantarse; permanecen en su condición caída. Sus errores no son sus instructores; son su perdición. No aprenden de sus errores; se ven enredados y vencidos por ellos. No ocurre lo mismo con los justos. Que se humillan y se hacen más fuertes con cada caída.

> LA HUMILDAD ES PARTE INTEGRAL DE ASUMIR RESPONSABILIDADES.

5. Perdónate a ti mismo y a los demás. Perdona a quienes te hayan hecho daño. En Lucas 17:4, Jesús nos dijo: "Aun si peca contra ti siete veces en un día, y siete veces regresa a decirte que se arrepiente, perdónalo". Hay que perdonar a los que se arrepienten aunque repitan su ofensa siete veces en un día. No estamos en posición de juzgarlos porque hayan repetido su transgresión. ¿Acaso no hemos repetido nosotros muchas veces las nuestras? Se nos perdona según perdonamos. Cuando no liberamos a los demás mediante el perdón, nos resulta difícil liberarnos a nosotros mismos. Cuando liberamos generosamente a los demás, nos resultará más fácil dejar nuestros propios errores. Pero, ¿y si no se arrepienten? ¿Todavía tenemos que perdonar? Es difícil orar: "Perdónanos nuestras ofensas, como también nosotros hemos perdonado a nuestros ofensores" (Mateo 6:12), si en realidad no hemos perdonado a los que tienen deudas pendientes. Esta deuda bien puede ser una disculpa debida por una transgresión anterior.

> LOS JUSTOS SE HUMILLAN A SÍ MISMOS Y SE VUELVEN MÁS FUERTES CON CADA CAÍDA.

6. Apártate y dale lugar a Dios. Cuando la situación aún parece desesperada, después de haber perdonado y hecho lo necesario para reconciliarte, entonces estás en posición de dar un paso atrás y hacerte eco de las palabras de David: "¡Que el SEÑOR juzgue entre nosotros dos! ¡Y que el SEÑOR me vengue de usted! Pero mi mano no se alzará contra usted" (1 Samuel 24:12).

Dios cumplirá su plan en nuestras vidas. Viviremos en la frustración y la ira si pensamos que, en última instancia, tenemos el control. La ira busca un blanco o el pago por los males cometidos; la furia y la ira buscan venganza o recompensa. Pero esta es un área que Dios no quiere que toquemos. La Palabra de Dios nos dice: "Pues conocemos al que dijo: 'Mía es la venganza; yo pagaré'; y también: 'El Señor juzgará a su pueblo'" (Hebreos 10:30).

Dios quiere que sus hijos e hijas sean apasionados y poderosos. Si no eres constructivo con tu ira, si la vuelves contra ti mismo o arremetes contra los que te rodean, perderás su pasión y te deprimirás o sentirás opresión. La libertad no se encuentra en la rebelión contra los caminos y la sabiduría de Dios. La libertad se encuentra cuando operamos en el marco de sus instrucciones vivificantes. Entonces podemos vivir la vida sin remordimientos, sin miedo y sin arrastrar las cadenas de nuestro pasado.

> **LA LIBERTAD NO SE ENCUENTRA EN LA REBELIÓN CONTRA LOS CAMINOS Y LA SABIDURÍA DE DIOS.**

Guía para un nuevo comienzo

Aquí tienes la oportunidad de llevar una vida libre de ira y de rabia destructiva: de ser una persona apasionada y eficaz, de usar la compasión y la bondad, de retomar el control de tus emociones airadas y frustrantes. Lo que sigue es una guía bíblica y de oración de veintiún días para ayudarte a caminar en las verdades que has aprendido. Puedes utilizarla como desees. Es posible que encuentres áreas en las que desees concentrarte o volver a revisar durante un largo período de tiempo. He integrado la oración, la oportunidad de llevar un diario y el estudio de las Escrituras en un formato fácil, aprovechable y práctico.

La guía está preparada para comenzar un lunes. El día empieza con la sección "En la mañana", en la que cuentas con uno o más pasajes bíblicos que te ayudarán en el proceso de transformación. A continuación, se resumen las ideas de la Escritura elegida, seguidas por una oración. Luego, escribirás tu plan de acción para el día, utilizando las verdades que has aprendido. La sección "En la tarde" te da la oportunidad de anotar tus victorias personales (triunfos del día junto con los pecados, errores o fallos personales y confesiones). La "Lista de misericordia" es para anotar a aquellos que te han hecho daño y a los que les concedes misericordia. (Nota: Una vez que hayas añadido a alguien a tu Lista de misericordia, no lo quites.) Anota tu lista de acciones para mañana en la siguiente sección, y después anota tus pensamientos y reflexiones sobre tu progreso de ese día. Algunos días incluyen una sección final llamada "Cómo aplicarlo", que incluye ejercicios que instan a la reflexión. Los días sabáticos (días 7, 14 y 21) te brindan la oportunidad de repasar las Escrituras de esa semana y te sugieren Ideas útiles para llevarlas a casa.

Todo el objetivo de este libro ha sido la transformación, la que solo llega tomando nuestras cruces y negándonos a nosotros mismos. No te estoy prometiendo una vida perfecta al final de estas próximas semanas, pero si realmente lees y aplicas la Palabra de Dios, no seguirás siendo igual. Tu corazón se ablandará y, otra vez, se volverá sensible a las cosas de tu Padre.

Como con todo en el reino, no se trata de cuántas Escrituras conozcas sino de cuántas vives. La Palabra se hace carne en tu vida y por eso produce fruto. No te adelantes. Esto no es un concurso ni una conquista; es un proceso. Algunas de las Escrituras ya se han tratado en capítulos anteriores, pero vale la pena volver a verlas. De modo que ¡oremos y comencemos este viaje!

DÍA 1

➤ En la mañana

Crea en mí, oh Dios, un corazón limpio y renueva un
espíritu firme dentro de mí. No me alejes de tu presencia
ni me quites tu Santo Espíritu.

—Salmos 51:10-11

No es que nos consideremos competentes en nosotros
mismos. Nuestra capacidad viene de Dios. Él nos ha ca-
pacitado para ser servidores de un nuevo pacto, no el de
la letra, sino el del Espíritu; porque la letra mata, pero el
Espíritu da vida.

—2 Corintios 3:5-6

Percepciones

Estas Escrituras hacen patente que necesitaremos la intervención y la instrucción del Espíritu Santo si queremos seguir los
caminos de Dios. En el Salmo 51, David clamó por un corazón
limpio y suplicó permanecer en la presencia de Dios, lleno por su
Espíritu Santo. En Juan 20, vemos que Jesús impartió el Espíritu
Santo a sus discípulos. Me parece asombroso que los capacitara
para que pudieran perdonar a los demás. A menudo, sin la guía
del Espíritu de Dios no podemos hacer eso. Segunda de Corintios
3 señala que es el Espíritu quien nos equipará, porque el Espíritu
da vida, pero la letra mata. Tenemos que invitar al Espíritu Santo

a que sople sobre todas y cada una de las Escrituras con las que nos encontremos para que produzca vida y transformación.

Padre celestial:

Acudo a ti en el nombre de tu precioso Hijo, Jesús. Padre, tú prometiste enviar al Consolador, el Consejero, el Espíritu Santo, para que me enseñe todas las cosas y me recuerde todo lo que me has dicho. Gracias por este precioso don para que no esté sola mientras estudio tu Palabra y persigo tu voluntad. Abre mis ojos para que pueda ver, mis oídos para que pueda oír y mi corazón para que pueda creer.

Ahora oro de acuerdo con tu Palabra, porque estoy segura de que es tu voluntad para mi vida. Padre, crea en mí un corazón limpio y renueva un espíritu recto dentro de mí. No me eches de tu presencia, y no alejes de mí tu precioso Espíritu Santo. Espíritu Santo, recibo tu poder para perdonar a aquellos que necesito liberar. Tráelos a mi memoria incluso ahora. Que cada versículo y pasaje de la Escritura sea vivificante. Me comprometo a orar antes de leer y pedir el Espíritu en ella y no simplemente la letra de la ley.

En el nombre de Jesús.

Hoy haré:

_____

_____

_____

En la tarde

Triunfos:

_____

_____

Confesiones:

_____

_____

Lista de misericordia:

_____

_____

Lo que haré mañana:

_____

_____

Mis pensamientos y reflexiones sobre el día:

_____

_____

DÍA 2

➤ En la mañana

El que tarda en airarse es grande de entendimiento; mas el que es impaciente de espíritu enaltece la necedad.
—Proverbios 14:29 RVR1960).

"Si se enojan, no pequen". No permitan que el enojo les dure hasta la puesta del sol ni den cabida al diablo.
—Efesios 4:26-27

Percepciones

Aquí el autor de Proverbios comparó a los que son lentos para la ira con los que tienen gran entendimiento, y a los impulsivos —o rápidos para hablar— con los necios. Debemos ser lentos para hablar, pero rápidos para resolver nuestra ira. Como ya hemos descubierto, parte de no pecar al enojarnos es no dormir con eso. Pablo nos advirtió que resolviéramos los asuntos en nuestro corazón y no le permitiéramos al diablo un punto de apoyo o de entrada en nuestra vida.

Padre celestial:

Vengo ante ti en el nombre de Jesús. Concédeme entendimiento para que sea lento para la ira. Espíritu Santo, contrólame cuando intente dar una respuesta rápida. Me arrepiento de las veces que he sido impulsiva y necia. Límpiame. Ayúdame a dormir con el corazón limpio ante ti.

Me niego a dormir con amargura e ira, y me comprometo a perdonar tanto a los demás como a mí mismo. No me golpearé mientras me acuesto en mi cama. No me acostaré con odio hacia mí misma. Te pido que me guardes en las vigilias nocturnas y me libres del maligno.

Hoy haré:

_____

_____

⟶ En la tarde

Triunfos:

_____

_____

Confesiones:

_____

_____

Lista de misericordia:

_____

_____

Lo que haré mañana:

_____

_____

Mis pensamientos y reflexiones sobre el día:

_____

_____

Cómo aplicarlo

Cuando quiera responder impulsiva o rápidamente, en vez de eso, haré esto (ejemplos: contar hasta diez, citar un texto bíblico, quedarme quieto):

_____

_____

_____

¿Con quién suelo enfadarme cuando reclino la cabeza para dormir?

_____

_____

(Haz un esfuerzo consciente para liberar a esas personas —especialmente a ti mismo— para que puedas abrazar su misericordia por la mañana en vez de una resaca de amargura).

DÍA 3

➤ En la mañana

> Me dije a mí mismo: "Mientras esté ante gente malvada vigilaré mi conducta, me abstendré de pecar con la lengua, me pondré una mordaza en la boca".
>
> —Salmos 39:1

> El necio da rienda suelta a su ira, pero el sabio sabe dominarla.
>
> —Proverbios 29:11

Percepciones

Sin duda, David comprendía lo que significaba estar en presencia de los malvados. A veces imagino que eso era más evidente en su época. Aquí tenemos a David, el rey con el corazón de un pastorcillo. En vez de luchar o defenderse, optó por amordazar su boca. Eso es lo mismo que haría Jesús generaciones más tarde. Guardaría silencio como un cordero ante sus acusadores. Eso también se aplicaría en cuanto a participar en conversaciones con bromas tontas y chistes groseros. Pero, a menudo, las personas ante las que debemos ponernos bozal no son nuestros enemigos y los malvados, sino los propios miembros de nuestra casa. El pasaje de Proverbios señala que los necios se desahogan, pero los sabios se controlan.

Padre celestial:

Acudo a ti en el nombre de Jesús. Perdona las veces que he permitido la plena expresión de mi ira. Dame poder para mantenerme bajo control. Me comprometo a vigilar mis caminos y a poner un bozal sobre mi boca cuando esté en presencia de mis enemigos. Guardaré mi lengua del pecado y no participaré en conversaciones impías.

Hoy haré:

_____

_____

➤ En la tarde

Triunfos:

_____

_____

Confesiones:

_____

_____

Lista de misericordia:

_____

_____

Lo que haré mañana:

_____

_____

Mis pensamientos y reflexiones sobre el día:

_____

_____

Cómo aplicarlo

(Pronuncia esta oración y luego anota tus pensamientos en los espacios en blanco).

Señor, muéstrame las formas en que he sido partícipe de la impiedad. Confieso las veces que he usado mi lengua para pecar cuando he estado en compañía de los incrédulos. Lávame y ayúdame a utilizar mis palabras para bendecir a los demás.

_____

_____

_____

_____

DÍA 4

⟶ En la mañana

La respuesta amable calma la ira, pero la agresiva provoca el enojo. La lengua de los sabios adorna el conocimiento; la boca de los necios escupe necedades.

—Proverbios 15:1-2

Más vale habitar en el desierto que con mujer pendenciera y de mal genio.

‚—Proverbios 21:19 RVR1960

Percepciones

Estoy lejos (me pregunto si no demasiado) de ser una esposa que habla de forma ambigua o indecisa. Pero he aprendido que en un desacuerdo con mi marido o con mis hijos o con cualquiera, puedo reducir la presión bajando tanto el volumen como el tono de mi voz. La dureza solo agita más el desorden. A menudo somos duros cuando tememos que no se nos escuche. En esas ocasiones, en vez de decir menos, decimos más al punto que pronto estamos diciendo tonterías en cantidades y los que nos rodean se identifican con la cita de Proverbios.

Padre celestial:

Acudo a ti en el nombre de Jesús. Muéstrame cómo ser gentil con mis respuestas. He sido dura en el pasado, temerosa de no ser escuchada, pero confiaré en ti y calmaré suavemente las tormentas con mis palabras, en vez de agitarlas aún más. Ya no permitiré que mi boca sea un géiser sino un manantial de vida para que otros se refresquen en lugar de ahogarse o empaparse con mi rocío. Señor, perdóname por las veces que he sido una mujer iracunda y contenciosa. Decido ser una dama contenta y pacífica, amable y mansa. Ya no lucharé contra la naturaleza que Dios me ha dado sino que cederé a mi lado más gentil, sabiendo que no es el camino más débil sino el mejor.

Hoy haré:

_____

_____

➤ En la tarde

Triunfos:

_____

_____

_____

Confesiones:

_____

_____

_____

Lista de misericordia:

_____

_____

Lo que haré mañana:

_____

_____

Mis pensamientos y reflexiones sobre el día:

_____

_____

Cómo aplicarlo

¿Cuándo, en el pasado reciente, he respondido con dureza y las cosas me han estallado en la cara?

_____

_____

¿Cuándo he respondido con suavidad y eso ha calmado una tormenta?

_____

_____

¿Hago brotar mis palabras o permito que fluyan?

_____

_____

¿He estado contenta o contenciosa?

_____

_____

¿En qué áreas soy más contenciosa?

_____

_____

Estas son las áreas que estoy dispuesta a ceder a Dios:

_____

_____

_____

Por lo que estoy agradecida:

_____

_____

_____

DÍA 5

➤ En la mañana

No te hagas amigo de gente violenta ni te juntes con los iracundos; no sea que aprendas sus malas costumbres y tú mismo caigas en la trampa.

—Proverbios 22:24-25

El sabio teme al Señor y se aparta del mal, pero el necio es arrogante y se pasa de confiado. El iracundo actúa neciamente y el malvado es odiado.

—Proverbios 14:16-17

Percepciones

Este siempre es un buen consejo, pero aún más ahora que estás guardando tu corazón con diligencia. La ira y sus pautas pueden aprenderse o transmitirse a través de la asociación con otra persona. Las personas de mal genio siempre parecen tener una causa. Siempre hay algún punto de discordia con el que están luchando. Si no tienes cuidado, terminarás adoptando su causa y ofensa.

Padre celestial:

Vengo a ti en el nombre de Jesús. Muéstrame cualquier amigo o asociado en mi vida que sea fácilmente provocado o rápido para la ira. No quiero aprender sus caminos; quiero aprender los tuyos. Si estoy atrapado en este tipo de relación, toma la espada de tu Palabra y libérame de este enredo. Señor, quiero temerte a ti y solo a ti; por lo tanto, decido honrarte apartándome del mal. Quiero ser como un niño, no astuto y taimado. Quiero ser dúctil y conformarme a tu imagen. Escondido en ti no tendré temores. Guárdame de la insensatez, por tu santo temor.

Hoy haré:

_____

_____

➤ En la tarde

Triunfos:

_____

_____

Confesiones:

_____

_____

Lista de misericordia:

_____

_____

Lo que haré mañana:

_____

_____

Mis pensamientos y reflexiones sobre el día:

_____

_____

Cómo aplicarlo

¿Tengo algún socio o amigo impulsivo?

_____

_____

¿Qué tendencias imprudentes tengo?

_____

_____

_____

DÍA 6

⟶ En la mañana

El que refrena su boca y su lengua se libra de muchas angustias.

—Proverbios 21:23

Con paciencia se convence al gobernante. ¡La lengua amable quebranta hasta los huesos!

—Proverbios 25:15

Percepciones

Cuando vigilamos lo que decimos cosechamos el beneficio de la protección contra la adversidad, la aflicción, las dificultades y la miseria. Guardar la boca es guardarse uno mismo. A través de la paciencia, la calma y la compostura, se puede influenciar a tus gobernantes. Las palabras amables pueden romper la estructura más dura de cualquiera. Derrite la dureza y la rigidez.

Padre celestial:

Vengo a ti en el nombre de Jesús. Estoy empezando a darme cuenta de que seré una mujer de más influencia con palabras amables que con palabras duras. Tú has prometido que estos principios funcionan con los gobernantes; ¡cuánto más funcionarán con la familia, los amigos y los compañeros de trabajo! Me someto a tu sabiduría y a tus caminos.

Hoy haré:

_____

_____

➤ En la tarde

Triunfos:

_____

_____

_____

Confesiones:

_____

_____

Lista de misericordia:

_____

_____

Lo que haré mañana:

_____

_____

Mis pensamientos y reflexiones sobre el día:

_____

_____

Cómo aplicarlo

¿Cómo me han metido en problemas —en el pasado— las respuestas duras?

_____

_____

¿Cómo puedo ser más amable?

_____

_____

DÍA 7
SABBAT

Repasa las Escrituras de la semana y haz tus observaciones:

_____

_____

_____

Ideas útiles para llevarlas a casa

1. Dios exhortó a los hijos de Israel a que escribieran su palabra en los postes de las puertas de sus casas y de sus corazones. Haz letreros y ponlos en las zonas de mayor tránsito de tu hogar, no solo para tu beneficio, sino también para el de los demás.

2. Una querida amiga mía, Tammy, ha colocado carteles alrededor de su casa que formulan la pregunta "¿Honras a Dios?". Los tiene en su cocina, en la puerta de la despensa y en otras zonas que frecuentan sus hijos. El letrero puede ser cualquier cosa, desde un mensaje en una pizarra hasta una almohada bordada. Incluso puedes escribir la Palabra de Dios en tus paredes. Mi hijo imprimió una versión reducida de Filipenses 2:14-15 para la puerta de nuestro refrigerador.

3. Otra idea es tener un versículo para memorizar en familia y en el que todos trabajen durante una semana (o hasta que lo memoricen). Colócalo en varios lugares y habla con frecuencia de su aplicación práctica. Durante el desayuno pregunta a tus hijos cómo podrían aplicarlo en la escuela o con sus amigos y otros familiares; y después, durante la cena, coméntalo de nuevo. Haz esto hasta que esté en el corazón de todos y no solo en su cabeza. Dales tanto la instrucción como la promesa. Ten cuidado de hacer hincapié en las promesas tanto como en la corrección.

4. Consigue la ayuda de una amiga en tu búsqueda de la piedad. Habla franca y profundamente con ella. Pídele que se haga responsable de la conversación y de los hechos. Te recomiendo tener una amistad además de tu marido en esta área. La Biblia amonesta claramente a las mujeres mayores para que entrenen a las esposas más jóvenes a amar a sus esposos y a sus hijos.

DÍA 8

En la mañana

Guarda silencio ante el Señor y espera en él con paciencia; no te enojes ante el éxito de otros, de los que maquinan planes malvados. Refrena la ira, deja la furia; no te enojes, pues esto conduce al mal.

—Salmos 37:7-8

Si alguien se cree religioso, pero no le pone freno a su lengua, se engaña a sí mismo y su religión no sirve para nada.

—Santiago 1:26

Percepciones

Guardar silencio cuando estamos rodeados de lo que percibimos como injusticia siempre es difícil. Pero Dios nos anima a no preocuparnos por las personas que tienen éxito en sus *caminos*. Se trata de individuos que están disfrutando del éxito con sus planes mientras esperan pacientemente el plan de Dios. Cuando nos preocupamos eso nos lleva en la dirección del mal. La siguiente Escritura afirma que cuando refrenamos nuestras lenguas damos testimonio de que confiamos en que Dios obrará a nuestro favor en nuestra situación.

Padre celestial:
Vengo a ti en el nombre de Jesús. Me doy cuenta de que he visto a otros y me he preocupado. Me he preocupado

porque tú no mirabas y no se hacía justicia. Perdona mi inquietud; solo me ha llevado al mal de juzgarme y compararme con los demás. También ha engendrado descontento en mi vida. Me animaré en tu Palabra y cantaré tu fidelidad.

Hoy haré:

_____

_____

En la tarde

Triunfos:

_____

_____

Confesiones:

_____

_____

Lista de misericordia:

_____

_____

Lo que haré mañana:

_____

_____

Mis pensamientos y reflexiones sobre el día:

_____

_____

Cómo aplicarlo

¿En qué área siento más presión para juzgar? ¿Es este un ámbito en el que tengo alguna responsabilidad?

_____

_____

Estoy soltando estas áreas de mi vida, liberando su presión:

_____

_____

DÍA 9

→ En la mañana

En fin, vivan en armonía los unos con los otros; compartan penas y alegrías, practiquen el amor fraternal, sean compasivos y humildes. No devuelvan mal por mal ni insulto por insulto; más bien, bendigan, porque para esto fueron llamados, para heredar una bendición. En efecto, "el que quiera amar la vida y gozar de días felices, que refrene su lengua de hablar el mal y sus labios de proferir engaños".

—1 Pedro 3:8-10

Percepciones

Estás a punto de heredar algo. Vivirás en armonía y actuarás con compasión y humildad cuando no devuelvas el mal o los insultos de la misma manera; al contrario, bendecirás a los que te maldicen. Tenemos la promesa de que estamos llamados a heredar una bendición. Esta bendición viene como resultado directo de guardar nuestras lenguas y alejarnos del habla engañosa. ¿Te han insultado recientemente? Entonces es el momento de que bendigas a quien te maldijo.

Padre celestial:

Vengo a ti en el nombre de Jesús. Te doy gracias por la oportunidad de heredar una bendición. Imprime en mi corazón cualquier área de engaño en mi vida. Muéstrame a quienes he pagado mal con mal. Ahora decido bendecir en vez de maldecir. Impartiré vida en vez de muerte en mí y en la vida de los demás.

Hoy haré:

_____

_____

➤ En la tarde

Triunfos:

_____

_____

_____

Confesiones:

_____

_____

Lista de misericordia:

_____

_____

Lo que haré mañana:

_____

_____

Mis pensamientos y reflexiones sobre el día:

_____

_____

Cómo aplicarlo

Cuando elegí devolver mal por mal, ¿cuál fue el resultado?

_____

_____

¿Cómo fui bendecido cuando devolví bien por mal?

_____

_____

_____

DÍA 10

En la mañana

El hombre iracundo levanta contiendas, y el furioso muchas veces peca.

—Proverbios 29:22 RVR1960

No permitas que el enojo domine tu espíritu, porque el enojo se aloja en lo íntimo de los necios

—Eclesiastés 7:9

Percepciones

La gente enojada mantiene las cosas revueltas. Cuando se mueve algo en una olla, sigue dando vueltas y vueltas. El ciclo nunca parece terminar, ya que sigue girando dentro y fuera de la vista. Los asuntos y las ofensas que siguen sin resolverse continúan en un estado perpetuo de agitación. Una persona furiosa, alguien siempre dado a la ira, vive con abundancia de transgresiones. El pasaje de Eclesiastés nos advierte contra la provocación rápida o fácil. Me gusta la imagen que se nos da aquí de la ira morando o estableciendo su residencia en el regazo de los necios. Tengo cuatro hijos que han estado en mi regazo de vez en cuando, sobre todo en los aviones. No había duda de qué o quién estaba en mi regazo.

Padre celestial:
Vengo a ti en el nombre de Jesús. No quiero agitar nunca lo que tú deseas que permanezca quieto. Veo cómo

mi ira ha hecho precisamente eso. Perdóname. No quiero que se quede en mi regazo. No solo es incómoda, sino que también es molesta y obvia para todos los que me rodean. Detendré mis reacciones y mis respuestas.

Hoy haré:

_____

_____

En la tarde

Triunfos:

_____

_____

_____

Confesiones:

_____

_____

Lista de misericordia:

_____

_____

Lo que haré mañana:

_____

_____

Mis pensamientos y reflexiones sobre el día:

_____

_____

Cómo aplicarlo

¿En qué área me siento constantemente agitado?

_____

_____

DÍA 11

⟶ En la mañana

> Eviten toda conversación obscena. Por el contrario, que
> sus palabras contribuyan a la necesaria edificación y sean
> de bendición para quienes escuchan. No agravien al Espí-
> ritu Santo de Dios con el que fueron sellados para el día
> de la redención. Abandonen toda amargura, ira y enojo,
> gritos y calumnias y toda forma de malicia. Más bien,
> sean bondadosos y compasivos unos con otros y perdó-
> nense mutuamente, así como Dios los perdonó a ustedes
> en Cristo.
>
> —Efesios 4:29-32

Percepciones

Esto es bastante extenso. Fíjate, es nuestra responsabilidad
no permitir que ninguna palabra malsana, injuriosa, venenosa u
ofensiva escape de nuestros labios. Esto significa que es posible
que controlemos nuestra boca; debemos elegir cuidadosamente
palabras que sean útiles y edificantes para los demás. Se nos
exhorta a beneficiar a quienes escuchan nuestras palabras. Las
palabras son poderosas. Pueden construir o destruir, curar o herir,
purificar o envenenar. No solo influimos en los que vemos, sino
que hay Alguien más que siempre está presente y siempre escucha...
el Espíritu Santo. Él se aflige por nuestra falta de moderación y
sabiduría. Él es nuestro sello mismo para el día de la redención;
por eso, Pablo nos animó a desechar todo lo que le entristeciera:

la amargura, la ira, el enojo, la riña, la calumnia y toda forma de malicia. La *malicia se* define como "hostilidad o mala voluntad". Ella entra con su compañera la envidia. Todos estos son frutos de condiciones peligrosas del corazón.

> *Padre celestial:*
>
> *Vengo a ti en el nombre de Jesús. De nuevo me someto a la verdad de que debo guardar mi boca. También me doy cuenta de que las meditaciones de mi corazón, a menudo, guían las palabras de mi boca. Haz que los motivos de mi corazón sean limpios y aceptables a tus ojos. Acelera en mí una sensibilidad a los oídos de los que me rodean y al dolor de tu Espíritu Santo. Que mis palabras contengan el poder de la curación, la salud y la sabiduría. Que capaciten a los oyentes para servirte y amarte de una manera más profunda y verdadera. En obediencia a tu Palabra, me deshago del fruto de la malicia. Dame tus ojos y la compasión para perdonar como tú me has perdonado tan amable y generosamente.*

Hoy haré:

_____

_____

➤ En la tarde

Triunfos:

_____

_____

Confesiones:

_____

_____

Lista de misericordia:

_____

_____

Lo que haré mañana:

_____

_____

Mis pensamientos y reflexiones sobre el día:

_____

_____

Cómo aplicarlo

¿Qué palabras sanas puedo pronunciar para contrarrestar las malsanas? (Escribe algunas bendiciones y pronúncialas ante las personas adecuadas).

_____

_____

_____

DÍA 12

➤ En la mañana

El de corazón sabio controla su boca; con sus labios promueve el saber. Panal de miel son las palabras amables: endulzan la vida y dan salud al cuerpo. Hay un camino que al hombre le parece recto, pero acaba por ser camino de muerte.

—Proverbios 16:23-25

Más vale ser paciente que valiente; más vale el dominio propio que conquistar ciudades.

—Proverbios 16:32

Percepciones

Aquí tenemos otra confirmación de la conexión entre el corazón y la boca. Existe una relación invisible pero entretejida. Los sabios permiten que sus corazones —no sus sentimientos, patrones de hábitos erróneos, emociones o reacciones— determinen sus palabras y sus acciones. Los labios que inspiran instrucción o aprendizaje son conscientes de cómo afectan las palabras a los demás. Su conversación guía a los demás hacia la rectitud. Sus palabras son dulces y dejan un sabor agradable —no amargo— en la boca de los demás. Nuestra segunda referencia de Proverbios exalta la fuerza del paciente sobre la del guerrero. Estos tienen respuestas rápidas como el rayo. Pero los pacientes tienen más control y son más poderosos que los primeros. Luego el proverbio lleva la comparación aún más lejos: Un hombre o una mujer que controla su temperamento es más poderoso que el que toma una ciudad. Un hombre solo que ha dominado su temperamento es superior a un guerrero solo que conquista una ciudad. A la mayoría de nosotros nos parecería mucho más impresionante la conquista de una ciudad que el dominio de un temperamento, pero a Dios no. Él comprende que las guerras que estallan en el interior a menudo empequeñecen las que estallan en el exterior.

Padre celestial:

Vengo a ti en el nombre de Jesús. Quiero que mi corazón gobierne mi boca. Ya no le daré a mis emociones las riendas de mi vida. Espíritu Santo, me inclino ante tu lugar de preeminencia en mi vida. Quiero hablar tus palabras agradables para que pueda experimentar sanación, así como para añadir salud e instrucción a aquellos que escuchan y se nutren con mis palabras. Revélame la importancia de estas. Observo que entran en nosotros como ninguna otra cosa puede hacerlo. Quiero inspirar instrucción y piedad tanto en mi vida como en la de los demás. Me aparto del camino que me parece correcto y me vuelvo a tu camino para la vida. Permíteme ejemplificar la fortaleza que se encuentra en el control de mi temperamento. Quiero ser poderoso a los ojos de Dios, no a los ojos de los hombres.

Hoy haré:

_____

_____

_____

➤ En la tarde

Triunfos:

_____

_____

_____

Confesiones:

_____

_____

Lista de misericordia:

_____

_____

Lo que haré mañana:

_____

_____

Mis pensamientos y reflexiones sobre el día:

_____

_____

Cómo aplicarlo

(Pronuncia esta oración)

Padre, muéstrame quién necesita palabras sanas.

DÍA 13

➤ En la mañana

Vivan en armonía los unos con los otros. No sean arrogantes, sino háganse solidarios con los humildes. No se crean los únicos que saben. No paguen a nadie mal por mal. Procuren hacer lo bueno delante de todos. Si es posible, y en cuanto dependa de ustedes, vivan en paz con todos. No tomen venganza, queridos hermanos, sino dejen el castigo en las manos de Dios, porque está escrito: "Mía es la venganza; yo pagaré", dice el Señor.

—Romanos 12:16-19

Percepciones

Vivir en armonía es morar de forma compatible, en sintonía y en amistad con los demás. Debemos dejar a un lado cualquier distinción que creamos poseer y tener comunión con los de baja posición. Aquí vemos una advertencia contra la vanidad, que es la admiración propia o la arrogancia, el ensimismamiento consigo mismo. Recuerda que en Cristo debemos adoptar la naturaleza de siervos unos de otros. Cuando dejemos a un lado la arrogancia y el orgullo, no devolveremos mal con mal, pondremos la otra mejilla. Se nos exhorta a hacer todo lo posible por efectuar lo correcto por el bien de los demás y, en lo que nos concierne, a vivir en paz con *todos*. Esto significa que retiraremos nuestra mano de la venganza y, con fe y confianza infantil, nos haremos a un lado y dejaremos paso a la justicia de Dios. Solo él conoce todas las partes y es fiel y siempre veraz.

Padre celestial:

Vengo a ti en el nombre de Jesús. Muéstrame cómo ser amigo de aquellos que traes a mi camino. Abre mis ojos a todas y cada una de las áreas de prejuicio que pueda tener escondidas en mi corazón. Dame la revelación de un siervo tanto de palabra como de obra. No soy mío; tú tienes mi vida en tu mano. Confío en ti para que me protejas. No pagaré mal con mal, porque tú me diste el bien cuando yo merecía el mal. Me despojo de la armadura defectuosa del orgullo y la arrogancia. No quiero ser piedra de tropiezo para nadie. Espíritu Santo, guarda mis pasos para que no peque contra ti. Dejo a un lado el yugo del orgullo y el miedo y tomo el manto de la humildad y la fe en tu bondad.

Hoy haré:

_____

_____

_____

➔ En la tarde

Triunfos:

_____

_____

Confesiones:

_____

_____

Lista de misericordia:

_____

_____

Lo que haré mañana:

_____

_____

Mis pensamientos y reflexiones sobre el día:

_____

_____

Cómo aplicarlo

Dejo ir la venganza con _____ y lo transfiero a mi lista de misericordia.

(Pronuncia esta oración)

Padre, expón las áreas de prejuicio en mi vida.

DÍA 14

SABBATH

Repasa las Escrituras de la semana y haz tus observaciones:

_____

_____

_____

Ideas prácticas para llevarlas a casa

1. Inicia un grupo de oración para madres, esposas o simplemente amigas. Hazlo un lugar seguro donde cada persona pueda sentirse sensible y sincera en cuanto a sus miedos y defectos. Ora por los demás para que puedas ser sana.

2. Pasea mientras escuchas música de alabanza o adoración u otra música cristiana que eleve su espíritu y te acerque a su presencia.

3. Deja la mentira de la perfección. Decide lo que es realmente importante para ti y deja de lado las demás cosas. Esto reducirá muchas áreas de presión en tu vida de las que quizá ni siquiera seas consciente.

DÍA 15

➤ En la mañana

Mi alma quedará satisfecha como de un suculento banquete, y con labios jubilosos te alabará mi boca. En mi lecho me acuerdo de ti; pienso en ti en las vigilias de la noche. A la sombra de tus alas canto de alegría, porque tú eres mi ayuda. Mi alma se aferra a ti; tu mano derecha me sostiene.

—Salmos 63:5-8

Pues te cubrirá con sus plumas y bajo sus alas hallarás refugio. Su verdad será tu escudo y tu baluarte.

—Salmos 91:4

Percepciones

Medita en la sensación que te queda después de haber asistido a un banquete. En el que has probado una gran variedad de alimentos deliciosos y delicados, pero sin excederte. Cada alimento se presentó maravillosamente y disfrutaste lo justo, no demasiado. Quedaste satisfecho y entras en un estado de satisfacción serena, casi onírica. Se nos invita a probar y ver que el Señor es bueno. En vez de recostarnos enfadados o frustrados por los acontecimientos del día, se invita a nuestra alma a disfrutar el postre. Se nos exhorta a recostarnos y pensar en nuestro Padre, a acurrucarnos bien bajo sus alas protectoras. Se nos ofrece la imagen visual de un ave poderosa con sus crías cobijadas en el calor y la protección de sus alas. Separado del mundo por la noche, este es un refugio de toda tormenta o enemigo. En este ambiente podemos alabar la ayuda y la protección del Señor en nuestra vida. Cada día puede ser una celebración de él.

El sueño es un estado misterioso. Es un momento en el que somos realmente los más vulnerables. Perdemos la conciencia y nos deslizamos a otro lugar y otro tiempo por unas horas. Los niños suelen dormir más profundamente que los adultos. Contentos y despreocupados, cambian las actividades de su día por la entrega de la noche. Como adultos, nuestro sueño no siempre es el momento de descanso que era cuando éramos niños. Con demasiada frecuencia nos llevamos a la cama las actividades del día. Luchamos con preocupaciones y miedos hasta el amanecer y, a menudo, nos despertamos más cansados que cuando nos acostamos. El sueño no nos restaura ni nos satisface; nos deja pesados y aletargados. El sueño es muy importante para nuestro bienestar emocional y físico. Sin la cantidad adecuada de descanso, nos resultará extremadamente difícil funcionar. He descubierto que nunca duermo bien cuando me castigo antes de acostarme. Así que en nuestras camas deberíamos apartar la mirada de nosotros mismos y, en vez de eso, contemplarlo a él. Dios nos mantendrá a salvo mientras confiemos en él, de modo que descansamos por la noche.

Padre celestial:

Acudo a ti en el nombre de Jesús. Cuando me acueste a descansar, permíteme deleitarme con tu fidelidad. Si me despierto durante la noche, no dejes que las preocupaciones del día me abrumen sino que las meditaciones contigo me cubran de suavidad. Reclamo tus promesas en las vigilias nocturnas. Dejo el miedo y me aferro a ti como un bebé a su madre. Transforma mi sueño agitado en descanso reparador. Confío en ti y en tu protección; además, me niego a preocuparme por el mañana.

Hoy haré:

_____

_____

→ **En la tarde**

Triunfos:

_____

_____

_____

Confesiones:

_____

_____

Lista de misericordia:

_____

_____

Lo que haré mañana:

_____

_____

Mis pensamientos y reflexiones sobre el día:

_____

_____

Cómo aplicarlo

(Escribe un atributo de Dios. Ahora escoge música de alabanza y cántala durante el día y regocíjate por este atributo del Padre).

_____

_____

DÍA 16

En la mañana

Ten piedad de mí, oh Dios; ten piedad de mí, pues en ti me refugio. A la sombra de tus alas me refugiaré, hasta que haya pasado el peligro.

—Salmo 57:1

Percepciones

Muchos se entusiasman con la protección angélica, pero ¿sabes que David hablaba de encontrar su refugio bajo las alas de Dios? Lucharemos contra la ira cuando no hayamos desarrollado nuestra confianza en Dios. Aprendí hace mucho tiempo que no puedo protegerme a mí misma: solo Dios puede protegerme. Es a él a quien debemos correr. Cuando te sientas frustrada, acusada falsamente, calumniada o simplemente te mientan, corre al refugio de sus alas. No permitas que el enemigo te atrape para que te defienda o intente protegerte; no puede hacerlo. Dios nos invita a escondernos en él hasta que hayan pasado las tormentas de la vida. Esta protección nos la proporciona no por ningún acto de nuestro propio mérito, sino porque *él* es fiel aun cuando nosotros somos infieles. Él es misericordioso; por lo tanto, debemos acudir a él de la misma manera. La ira no puede morar a la sombra de sus alas; allí no hay lugar para ella. La ira nunca es un refugio, aunque mienta y diga que lo es. Debe ser puesta a un lado para poder entrar en la presencia de Dios.

Padre celestial:

Acudo a ti en el nombre de Jesús. Permite que tu Espíritu Santo imprima la imagen de tu protección en lo profundo de mi alma. Quiero esconderme en ti mientras las calamidades de la vida van y vienen. Porque necesito misericordia, extiendo misericordia antes de entrar en el refugio de tu presencia. No confiaré tontamente en mí mismo ni en el hombre, sino que permitiré que mi alma confíe solo en ti.

Hoy haré:

_____

_____

_____

En la tarde

Triunfos:

_____

_____

_____

Confesiones:

_____

_____

Lista de misericordia:

_____

_____

Lo que haré mañana:

_____

_____

Mis pensamientos y reflexiones sobre el día:

_____

_____

Cómo aplicarlo

¿En qué áreas estoy deseando la protección de Dios?

_____

_____

DÍA 17

⇒ En la mañana

El que mucho habla, mucho yerra; el que es sabio refrena
su lengua. Plata refinada es la lengua del justo; el corazón
del malvado es de poco valor. Los labios del justo orientan
a muchos; los necios mueren por falta de juicio.

—Proverbios 10:19-21

No te apresures,
    ni con la boca ni con el corazón,
a hacer promesas delante de Dios;
    él está en el cielo y tú estás en la tierra.
Mide, pues, tus palabras.

—Eclesiastés 5:2

Percepciones

¿Has recibido alguna vez una llamada telefónica o sostenido
una conversación que empezó bien pero luego dio un giro y empeo-
ró? A menudo me he preguntado si se trata de una cuestión de
tiempo. Lo que empieza siendo piadoso retrocede con demasiada
frecuencia con el paso del tiempo o de las palabras. Algunos de
nosotros solo necesitamos acortar nuestro tiempo al teléfono.
Cuando no podemos ver con quién hablamos o de quién hablamos,
a menudo no utilizamos la discreción con nuestras palabras. Es
mejor cambiar de tema, con frecuencia, que detenerse demasiado
en uno y decir cosas de las que luego solo nos arrepentiremos.

La plata fina no es común sino procesada por el fuego. Cuando permitamos que el fuego de la Palabra de Dios purifique nuestra conversación, veremos las impurezas e indiscreciones eliminadas de nuestra conversación. Se nos amonesta que seamos lentos con nuestras palabras, que pesemos lo que decimos antes de simplemente soltarlo sobre la mesa para que otros lo consuman. Una boca rápida representa un corazón precipitado. Cuando nos presentamos ante Dios, debemos ser parcos, o de pocas palabras. Él está en el cielo mientras que nosotros somos simples habitantes terrenales. Una parte integral del temor o respeto apropiado a Dios es saber cuándo hablar y cuándo escuchar. Aprendemos escuchando, no hablando, así que quédate quieto y sé consciente de que él es Dios.

Padre celestial:

Acudo a ti en el nombre de Jesús. Permíteme que haga inventario de mis palabras y las sopese. Haz que cada una de ellas sea potente y poderosa, no vana y ociosa. Espíritu Santo, revela las relaciones en las que caigo en esta trampa y permíteme ser un ejemplo de piedad y no de necedad. Quiero que mis palabras inspiren, instruyan y bendigan a los demás. Crea en mí una mayor conciencia y sentido del valor cuando se trata de mi conversación.

Hoy haré:

_____

_____

_____

En la tarde

Triunfos:

_____

_____

_____

Confesiones:

_____

_____

Lista de misericordia:

_____

_____

Lo que haré mañana:

_____

_____

Mis pensamientos y reflexiones sobre el día:

_____

_____

Cómo aplicarlo

¿En qué tipo de situaciones y con quién hablo demasiado?

_____

_____

¿De qué relaciones tengo miedo?

_____

_____

DÍA 18

➤ En la mañana

La boca del necio es su perdición; sus labios son para él una trampa mortal. Los chismes son deliciosos manjares; penetran hasta lo más íntimo del ser.

—Proverbios 18:7-8).

El falto de juicio desprecia a su prójimo, pero el entendido refrena su lengua. La gente chismosa revela los secretos; la gente confiable es discreta.

—Proverbios 11:12-13

Percepciones

Ya hemos dicho bastante sobre el necio y su boca. Veamos ahora las palabras de un chismoso. Se describen como bocados selectos, deliciosos al gusto pero costosos para el alma. Mientras escuchas, te ves deseando oír más. Te convences de que puedes soportar lo que estás oyendo; después de todo, eres es maduro y sabio… permanecerás imparcial. De lo que no te das cuenta es que tu pozo ha sido envenenado. La próxima vez que veas a la persona que discute o simplemente oyes su nombre sentirás la presión de juzgarla, no por sus acciones sino por sus motivos. ¿Qué tiene esto que ver con la ira personal? La rabia y el chismorreo comparten una raíz común: el miedo. Ambos se ejercen en un vano intento de autoprotección (digo vano, porque solo Dios puede protegernos de verdad). El chisme siempre es una traición a la confianza. Una persona se vende —o es traicionada— por la seguridad, la posición o la influencia de la otra. Tu corazón se ablandado, de modo que cuando hablas de otro o escuchas a otra persona mientras le transmites información, deberías sentir un jaque al rey. Si el enemigo sabe que guardas celosamente lo que sale de tu boca, podrías intentar ponerle la zancadilla con lo que entra por tus oídos. La Biblia dice que los malvados escuchan al chismoso (Proverbios 17:4). Así que debes guardar tu corazón con toda diligencia, porque es la fuente misma de tu vida en Cristo.

Padre celestial:

Vengo ante ti en el nombre de Jesús. Muéstrame cómo cuidar mis oídos así como mi corazón. Separa lo precioso de lo vil en mi vida para que no peque contra ti en mi forma de conversar. Pon un guardia sobre mis oídos también y úngeme con sabiduría para hablar en las situaciones que puedan surgir. No permitiré que nadie hable mal de mis allegados. Los cubriré con oración, amor y tu Palabra.

Hoy haré:

_____

_____

⟶ En la tarde

Triunfos:

_____

_____

Confesiones:

_____

_____

Lista de misericordia:

_____

_____

Lo que haré mañana:

_____

_____

Mis pensamientos y reflexiones sobre el día:

_____

_____

DÍA 19

⇒ En la mañana

El que refrena su lengua protege su vida, pero el ligero de
labios provoca su ruina.

—Proverbios 13:3

El que ama la sinceridad del corazón y tiene gracia al
hablar tendrá por amigo al rey

—Proverbios 22:11

Cada uno se llena con lo que dice y se sacia con lo que
habla. En la lengua hay poder de vida y muerte; quienes
la aman comerán de su fruto

—Proverbios 18:20-21

Percepciones

No podemos eludir la conexión entre la ira y la boca, así como
entre los labios y el corazón. La abundancia o el contenido de
nuestro corazón se revelan por las conversaciones de nuestros
labios. En mi opinión, Proverbios 13 contiene la suma total de
esta sabiduría. En nuestra cultura actual se ha restado importancia al poder de las palabras de cualquier persona. Que alguien
comprometa y dé su palabra en cuanto a algo ya no significa
nada. Para contrarrestar esto tenemos contratos con los que los
abogados hacen fortunas ayudando a sus clientes a salir de ellos.
Dios no nos ofrece un contrato sino un pacto con promesa basado

en su nombre y Palabra. Él no es hombre como para que mienta. Él es el testigo fiel y verdadero. El cielo y la tierra pasarán, pero su Palabra perdurará para siempre. Si honramos su Palabra con nuestra obediencia y nuestra fe, él nos honrará con transformación. Hay un refrán que dice que somos lo que comemos. Deléitate con la verdad de las palabras de Dios y no podrás seguir siendo el mismo. Te convertirás en un amigo del Rey.

Padre celestial:

Vengo a ti en el nombre de Jesús. Gracias porque has extendido una mesa, en tu banquete de bondad y misericordia, ante mí y me has invitado a venir y comer gratuitamente de tu mano. Que yo a mi vez me deleite con lo bueno y agradable, no con lo dañino y destructivo. Padre, perdóname y límpiame de toda iniquidad que haya sembrado en el ámbito de mi habla y a través de la ira en mis acciones. Con todo mi corazón, mi deseo más profundo es ser alguien que te traiga placer. Quiero ser un amigo fiel a ti porque tú siempre has sido fiel a mí. Me aparto del fruto de la muerte y abrazo tus caminos en la vida.

Hoy haré:

_____

_____

_____

_____

➜ En la tarde

Triunfos:

_____

_____

_____

Confesiones:

_____

_____

Lista de misericordia:

_____

_____

Lo que haré mañana:

_____

_____

Mis pensamientos y reflexiones sobre el día:

_____

_____

Cómo aplicarlo

¿Qué tipo de amigo quiero?

_____

_____

¿Qué clase de amigo soy?

_____

_____

_____

DÍA 20

→ En la mañana

Pues Dios es quien produce en ustedes tanto el querer como el hacer para que se cumpla su buena voluntad. *Háganlo todo sin quejas ni contiendas, para que sean intachables y puros*, hijos de Dios sin culpa en medio de una generación torcida y depravada. En ella ustedes brillan como estrellas en el mundo, manteniendo en alto la palabra de vida. Así en el día de Cristo me sentiré satisfecho de no haber corrido ni trabajado en vano.

—Filipenses 2:13-16, énfasis añadido

A aquel que es poderoso para guardarlos sin caída y presentarlos sin mancha delante de su gloria con gran alegría, al único Dios, nuestro Salvador por medio de Jesucristo nuestro Señor, sea la gloria y la majestad, el dominio y la autoridad, desde ahora y para siempre. Amén.

—Judas 24-25

Percepciones

Cuando no nos quejamos ni discutimos, nos damos la oportunidad de experimentar una transformación maravillosa. Aunque este mundo esté lleno de depravación y perversidad, la oscuridad no puede amortajar ni vencer nuestra luz. Mira las estrellas de este universo: señalan un cielo de oscuridad con tal belleza que en una noche clara y estrellada nunca notamos la oscuridad, sino los pequeños faros de esperanza que la atraviesan. Cuando Dios contempla esta creación llena de tinieblas, lo que nota es la luz de sus hijos. Mantén en alto la lámpara de su Palabra y hazla brillar como un faro de esperanza y verdad para las generaciones venideras.

Estos dos versículos son algunos de los preferidos de John y yo. Dios es verdaderamente fiel para evitar que caigamos. Nos sostendrá con su Palabra de verdad y nos presentará con gran gozo como intachables. En ellos no se menciona la vergüenza. Él no busca motivos para rechazarnos o condenarnos. Ellos ya existían; por eso envió a su Hijo. Su promesa permanece ahora y para siempre. Es para los que están cerca y lejos... es para ti. Tiembla con su gozo, acógelo con el corazón y nunca volverás a ser el mismo.

Padre celestial:

Acudo a ti en el nombre de Jesús. Miraré las estrellas y creeré que tú ves tu luz en mí, no mi oscuridad. Tu Palabra iluminará cualquier zona de oscuridad; ella es la lámpara que alumbra mi camino. Me alejo de la necedad de mi propio consejo, de la luz de mi propio razonamiento. Creo que este libro y estas verdades han llegado a mi vida para que pueda caminar en tu luz. Te doy gracias por este tiempo de transformación. Glorifícate en mi vida. Que en cada relación y en todo lo que haga los que me rodean sean testigos de tu obra en mi ser.

Hoy haré:

_____

_____

_____

En la tarde

Triunfos:

_____

_____

_____

Confesiones:

_____

_____

Lista de misericordia:

_____

_____

Lo que haré mañana:

_____

_____

Mis pensamientos y reflexiones sobre el día:

_____

_____

Cómo aplicarlo

¿Qué cosas buenas veo en mí?

_____

_____

¿Cómo he crecido?

_____

_____

SABBATH

Repasa las Escrituras de la semana y haz tus observaciones:

_____

_____

_____

Ideas prácticas para llevarlas a casa

1. Descansa lo suficiente, respira aire fresco y toma el sol. Celebra y agradece la creación de Dios.
2. Cena a la luz de las velas con tus hijos. Eso tiene un efecto tranquilizador en ellos al igual que en ti.
3. Deshazte de las cosas que te generan descontento. Tira los catálogos al cubo de la basura a menos que realmente tengas intención de hacer un pedido. Consigue solo revistas que te inspiren y no te depriman. Agradece lo que tienes y no codicies.

EPÍLOGO

Al llegar a este punto, si has leído todo con un corazón abierto y has pasado por las tres semanas de renovación de tu mente, no eres la misma persona que comenzó este libro. La exposición a la Palabra de Dios en un nivel de estudio tan concentrado no puede sino cambiarte. Este cambio, por supuesto, comenzó en el interior y se abrirá camino hacia el exterior. Estoy segura de que este encuentro con la verdad no ha sido del todo indoloro para ti. A menudo los grandes cambios se producen a costa de un gran dolor. Mi encuentro con la verdad fue doloroso, pero no fue una dolencia sin propósito. Me animó el hecho de que Dios adiestra y disciplina cuidadosamente a sus hijos.

Y ya han olvidado por completo las palabras de aliento que como a hijos se les dirigen: "Hijo mío, no tomes a la ligera la disciplina del Señor ni te desanimes cuando te reprenda, porque el Señor disciplina a los que ama y azota a todo el que recibe como hijo". Lo que soportan es para su disciplina, pues Dios los está tratando como a hijos. Porque, ¿qué hijo hay a quien el padre no disciplina?

—Hebreos 12:5-7

Has dado pasos audaces y valerosos. Te has atrevido a enfrentarte a una zona de oscuridad en tu vida. Has abierto la puerta de tu corazón y has permitido que la luz de la Palabra de Dios exponga y sane tus zonas de ira no resuelta. Demasiados matrimonios, relaciones y familias terminan divididos y desgarrados debido a la ira no resuelta. Es mi oración que Dios honre los pasos que has dado y que tu pasado quede atrás de una vez y para siempre. Haz el voto de no volver a visitar esas ruinas de destrucción. Toma esta promesa de Dios y escóndela en tu corazón:

> Y a aquel que es poderoso para guardaros sin caída, y presentaros sin mancha delante de su gloria con gran alegría, al único y sabio Dios, nuestro Salvador, sea gloria y majestad, imperio y potencia, ahora y por todos los siglos. Amén.
>
> —Judas 24-25 RVR1960

Nosotros nunca seremos perfectos, pero él sí lo es. Aun cuando seamos infieles, él es fiel. Cuando somos débiles, él es fuerte. Trabaja en la gracia fortalecedora de Dios y no vuelvas a la fragilidad de tus propias fuerzas.

SOBRE LA AUTORA

Lisa Bevere lleva casi tres décadas empoderando a mujeres de todas las edades para que encuentren su identidad y su propósito. Es una autora superventas del *New York Times* y una conferenciante conocida internacionalmente. Sus libros, entre los que se incluyen *Sin control pero feliz*, *Mujeres con espada* y *El Camino a su Presencia*, están en manos de millones de personas en todo el mundo. Lisa y su marido, John, son los fundadores de Messenger International, una organización comprometida con el desarrollo de seguidores intransigentes de Cristo que transformen su mundo. Messenger International ha repartido casi 20 millones de recursos en 106 idiomas.

CASA CREACIÓN

Te invitamos a que visites nuestra página web, donde podrás apreciar la pasión por la publicación de libros y Biblias:

www.casacreacion.com

f @CASACREACION

✦ @CASACREACION

⊙ @CASACREACION

Para vivir la Palabra